国家社科基金青年项目“社会资本视域下村庄治理转型的
社区机制”（项目编号：12CSH040）

村庄转型

社会资本
与村庄治理转型的社区机制

张国芳 等 / 著

浙江工商大學出版社
ZHEJIANG GONGSHANG UNIVERSITY PRESS | 杭州

图书在版编目(CIP)数据

社会资本与村庄治理转型的社区机制 / 张国芳等著.
— 杭州 ：浙江工商大学出版社，2019.8
ISBN 978-7-5178-3354-3

Ⅰ. ①社… Ⅱ. ①张… Ⅲ. ①农村—社区管理—研究
—中国 Ⅳ. ①C912.82

中国版本图书馆 CIP 数据核字(2019)第 148766 号

社会资本与村庄治理转型的社区机制
SHEHUI ZIBEN YU CUNZHUANG ZHILI ZHUANXING DE SHEQU JIZHI
张国芳 等 著

责任编辑 王黎明
封面设计 林朦朦
责任印制 包建辉
出版发行 浙江工商大学出版社
(杭州市教工路 198 号 邮政编码 310012)
(E-mail:zjgsupress@163com)
(网址:http://wwwzjgsupresscom)
电话:0571-88904980,88831806(传真)
排　　版 杭州朝曦图文设计有限公司
印　　刷 杭州高腾印务有限公司
开　　本 710mm×1000mm 1/16
印　　张 12.75
字　　数 202 千
版 印 次 2019 年 8 月第 1 版 2019 年 8 月第 1 次印刷
书　　号 ISBN 978-7-5178-3354-3
定　　价 48.00 元

浙江工商大学出版社营销部邮购电话 0571-88904970

前　言

本书是在国家社科基金青年项目“社会资本视域下村庄治理转型的社区机制”（项目编号：12CSH040）资助下完成的，课题组成员在搜集大量关于社会资本、社会组织与农村社区建设的相关数据和材料的基础上，赴全国各地进行调查走访，深入到农村进行实地研究。

村庄治理问题涉及政治学、经济学、社会学和人类学等多个学科领域。因此，在研究方式选择上，本研究主要采用政治社会学关于国家与社会关系的视角，用社会资本理论来解析乡村治理社区机制创新的问题。本书在理论研究层面，在总结、综合国内外学者对社会资本的研究的理论基础上，以乡村社会关系的性质特征为基础，即同质性关系、异质性关系、链合性关系来划分乡村社区社会资本，创新性地提出了同质性关系社会资本、异质性关系社会资本、链合性关系社会资本，对其表现形式做了深入研究；并以详细的数据分析和案例研究，探索了村庄治理转型的社区机制，在理论创新和现实路径层面为乡村振兴贡献了力量。

课题组在浙江、湖南、上海等地的农村地区进行调研访谈，并重点在浙江丽水景宁、宁波奉化、嘉兴秀洲区新塍镇乡村、上海郊区调研了社会组织在乡村治理创新中的作用，在杭州、宁波等地调研了社会资本与乡村社会组织的情况，对乡村社会资本类型与表现形式，乡村社会组织在村庄治理中的作用，传统社会资本及其现代转换，乡村社会组织发展困境、动力机制与村庄治理转型做出了研究，并对培育乡村社会资本提出了建议。

在丽水景宁的实地调研，详细分析少数民族畲族的传统社会资本的类型和表现形式，并认为在政府和市场机制的作用下，发生现代性转化。课题组详细考察了景宁畲族传师学师仪式功能变迁的社会过程和机制，认为传统仪式的基础在于封闭的、以农耕为基础的经济社会的一种敬祖和成人仪式礼，现代社会的变迁导致了其基础的变化，因而引发了其功能的变迁。地方政府为活化传统仪式，将其作为一种文化产业发展，实现了传统文化的现代转型。

课题组在景宁畲族民族自治村的调研发现，村庄内蕴充足的传统社会资本。传统社会资本经过市场机制与政府机制推动，以景宁畲族传统节庆“三月三”为载体，经过现代性转换，传承和发展了畲族原生态文化，扩展了传统以社区地缘和血缘为特征的社会资本，对促进地方经济发展、整合社会资源、扩大民众参与起到了较强的影响作用。

在数据分析层面，本研究结合中国人民大学的综合数据调查，以农村社会资本的类型研究为基础，分析了各种类型的社会资本对农村公共服务满意度的影响，并对培育农村社会资本提出了相关政策建议。课题组在浙江宁波、衢州、舟山、杭州等市进行农村社会组织和社会资本情况调研，共发放 500 份问卷，回收 422 份问卷，回收率为 84.4%。问卷基本结构为人员基本情况、人际交往基本情况、社会信任基本情况、互助和合作基本情况、民间组织发展及村级治理基本情况等五大方面。根据问卷的分析结果，课题组认为在浙江农村，传统型社会资本，即以家庭家族为基础的社会关系类型社会资本占有重要的比重，无论是人际交往的频率，还是人际信任情况，大多数村民交往和信任的对象依然是亲族、家族和村内的人员。从社会组织存在的类型看，老人协会和兴趣爱好组织是其主要类型，服务型社会组织和经济合作组织也有一定的规模。从村民参与社会组织的类型看，参与的积极性和频次并不是很高。从村民参与村内公共事务的情况看，大部分村民愿意参与村内的公共事务，但对参与的效能感不是很强。

在村庄治理创新和转型的案例研究方面，团队在浙江嘉兴秀洲区新塍镇，实地调研了社区基金会在社区治理创新中的作用，认为社区基金会可以有效撬动各种社会力量参与社区治理，有效整合各类社会资源，使许多社会问题在社区层面以慈善、公益、自治、互助的方式解决，缓解各种社会矛盾。社区基金会在社区治理中的创新是由政府引导机制、市场助推机制及社区的自我维系机制三种力量综合的结果。

在宁波奉化雷山村，课题组详细调研了雷山村社区营造的过程，认为社区赋权与社会资本的培育在村庄发展与转型过程中起着关键作用。本研究在梳理当前社区赋权与社区营造的文献基础上，通过对个案村落调研，从宁波奉化雷山村的社区营造过程出发，分析其社区赋权的内在机理，进而从地方政府、村民、专家、"多元主体互动"网络、在地资源活化等方面分析其特征；并从建构多元互动主体网络，实现在地化发展与可持续发展等方面为中国乡村社区建设提供了可供借鉴的经验与选择路径。在德清莫干山镇，以莫干山的民宿产业为基础，考察了多元主体互动机制的社区产业营造在社区治理转型中的作用。

课题组成员还在宁波余姚市阳明街道农村展开调研，对其在垃圾治理领域实施 PPP 模式及相关的村民满意度进行调查分析，认为当前存在政府监管缺位、垃圾治理责任不清晰、群众参与度低等问题，并针对这些问题提出要加强监管、完善法规细则、增强村民集体意识和环保意识等建议。以上案例为村庄治理创新与转型提供了大量的范例。

乡村民间组织目前由于政策支持和基层政府的支持，数量上增长很快，但仍然面临着内外困境，因此培育社会资本，对社会资本进行整合和利用，有助于培育社会组织内生性资源。在村庄治理中，村庄的社区社会资本在社区组织生活、公共事务参与及人际信任三个方面起着重要作用，在村庄社区层面，从社会关系角度可以将其分为同质性关系、异质性关系及链合性关系三种类型的社会资本。同质性社会资本被认为是创造社会资本的"最基础的步骤"；异质性社会资本能够将不同背景的人们联系起来，增进更具包容性的社会团结，培养宽容的精神；链合性社会资本在社区组织参与公共政策过程，与政府积极联系方面发挥积极作用。在社会资本的动态过程中，如果外部诱导产生的链合性社会资本不嵌入地方，产生同质性、异质性社会资本的动态平衡，它将阻碍组织内领导和成员责任能力的自发演化，这表明了自治组织动态演化过程的重要性。从社会关系视角来看,村庄草根组织的发展机制在于三种类型的社会资本动态平衡。村庄治理社区机制的创新,在于治理过程中非正式的调控手段、自主化规则的制定、多方位的监督机制、广泛性的公众参与及有效的惩罚机制。

在乡村社会资本培育方面,可以从国家和社会两个层面着手,加强异质性社会资本和链合性社会资本的培育,异质性社会资本存在于各种跨社区和村庄的各类民间组织中,而链合性社会资本在于村民积极参与与其相关的各类政策的制定,在村庄公共事务中,村民在与其相关的各类事项中享有真正的发言权,这就要求地方政府做到真正的社区赋权。

综上,本书无论是在理论上,还是在数据分析和案例研究上,对村庄治理转型的社区机制做出了翔实而又有创新性的研究。

本书具体章节的作者如下:第一、二、四、六章作者为张国芳;第三章作者为张国芳、胡晨沛;第五章作者为张国芳、张怡;第七章作者为张国芳、吴雨欣;第八章案例一的作者为张国芳、蔡静如;案例二的作者为张国芳、蔡静如、张怡;案例三的作者为杨旭东、张国芳;第九章作者为张国芳、胡晨沛。

目 录
Contents

导 论

一、研究背景与问题的提出

改革开放40多年来，伴随着土地家庭联产承包责任制改革与村民自治制度的推行，农村社会经历了重大变迁，并迎来了经济学、政治学、社会学、人类学等众多学科对中国农村的大量研究。近年来政府提出新农村建设的举措，再次引发了乡村研究的热潮，村民自治与乡村社区治理受到了诸多学者的特别关注。

中国村民自治是由国家启动和主导的、属于政府供给主导型的制度变迁；同时，村民自治也是重建乡村社会秩序、提高村民组织能力的一场实践，在这个过程中，村民的社会关系网络的基本特征和村民的自组织能力在很大程度上决定了村民自治的质量和效果。正因为这样，推出村民自治的成文制度，远不等于实现了乡村社区的善治。有学者认为，考察当前农村中的冲突，我们不得不痛苦地承认"既是国家代理，又是农民代表"村民自治制度的理想模式已然破产，或者说已经沦为一种文字游戏，[①]"作为20世纪80年代以来建立的以村民自治制度为基础的乡村治理秩序，制度缺陷和制度无效的双重制约导致了村民

①赵树凯：《农村基层组织：运行机制和内部冲突》，载徐勇，徐增阳主编：《乡土民主的成长》，华中师范大学出版社2007年版，第474—475页。

自治制度失灵和乡村治理的失序，导致了目前农村地区的治理危机。"现实的情况是，"在当今中国农村，村民实行民主自治的治理结构固然已经建立，村民选举也已普及，但民主治理的机器始终没能在乡村地区有效地运转起来"，是"有民主选举而无民主治理"。①

俞可平在分析农村治理改革的困境时，认为农村治理改革的普遍问题主要因为法律规定的乡村自治制度在很大程度上流于形式，社会资本在乡村治理中的消极作用过大。② 张静认为乡村社会的冲突问题，根源在于实际运行的一系列制度规则的缺陷，这些制度在构造基层政权的角色、权利义务及其和村民的社会关系方面，存在着内在的价值、目标和利益紧张。个人事务和公共事务都在这一混合关系中得到处理。③

有些学者为此批评说，对基层政权政治角色的状态及其后果研究——它的授权来源、它同社会利益的关联方式、它的政治杠杆机能（即平衡基层社会和国家体制的各自目标、乡村社会建制对其行为的制度支持，以及相关的乡村政治态度反映出的乡村社会利益结构）等被忽略了。吴重庆认为，要实现村民自治就必须着力引导及培育乡村的传统文化资源，包括民间权威、家族网络、熟人社会的共同体意识。④ 贺雪峰、仝志辉也指出，行政村的半熟人社会特征，决定了村民之间社会关联程度的低下，并决定了村委会选举的特点和效果。⑤ 徐勇从国家建构的角度探讨了完善村民自治的建议，认为历代是"皇权止于县政"，认为可以采取县政—乡派—村治的结构。徐勇的观点表达了持渐进转型观学者的基本判断：村民自治将走向制度化。⑥

这些意见至少触及一个问题：国家的成文制度如果不考虑和地方性知识结

---

①陈剩勇：《村民自治何去何从——对中国农村基层民主发展现状的观察和思考》，《学术界》2009 年第 1 期。

②俞可平：《中国农村治理的历史与现状——以定县、邹平和江宁为例的比较分析》，《经济社会体制比较》2004 年第 2 期。

③张静：《基层政权——乡村制度诸问题》（增订本），世纪集团出版社 2007 年版，第 18—20 页。

④吴重庆：《村治及其本土资源》，Http://www.ccrs.org.cn，2003.3.7。

⑤贺雪峰、仝志辉：《论村庄社会关联——兼论村庄秩序的社会基础》，《中国社会科学》2003 年第 3 期。

⑥徐勇：《"回归国家"与现代国家的建构》，《东南学术》2006 年第 4 期。

合起来,政治制度如果不能获得社会基础的支撑,它很可能会变成一纸空文。斯科特曾说:"为什么有这么多的、旨在改善贫穷国家人们生活条件的宏大发展计划如此悲惨地失败了?我认为,在关注这一问题的过程中,我已偶尔发现了可以被称之为'信任地理学'的基本原理。粗略和简单地说,就是甚至为了它们所设计的有限目标,威权的高度现代主义的发展计划以运转极差的、薄弱的、简化的、机械的秩序来取代深厚的、复杂的、准自动的社会秩序(以及自然秩序)。如果这些简化完全存续下来,那么它们也只是凭借其不被承认的、对计划外临时'命令'的依赖。"①

分析和解决基层社会出现的这些问题,既要考虑国家与基层社会关系对接的问题,也要考虑传统与现代衔接的问题。从社会资本角度来解析乡村社区治理问题,尤其是村庄内生的社会资本的视角,有助于深化我们对问题的理解。

二、选题意义

本研究的基本认识是,村民自治制度作为乡村治理的主要机制,虽然在很大程度上促进乡村民主的发展,但这种民主自治在某种程度上日益形式化、行政化和内卷化,一些学者谓之为"制度失灵",乡村权力有某种异化的倾向。

那么如何解决上述问题?农民需要自我表达,需要自己的组织,而且这种表达必须是组织化的,使农民自己不仅是以个人或者个体农户的形式出现在乡村社会舞台上,而且是以一种独立的组织形态参与乡村各种组织间的互动,使农村中各种权力组织建立起相互制衡的制度平台,各方利益可以在一种平等有序的对话谈判中得到实现。但是农民组织化的形成需要一种内在的机制去凝合,社会资本则是一种"凝合剂"。它可以促成理性的集体行为,克服集体行为的搭便车,良好的社会资本可以促成集体行动中的协同效应。凝聚社会资本的民众参与,才是真正的治理,从而实现从管理向治理的转型。

---

①詹姆斯·C.斯科特:《信任地理学与等级地理学》,载马克·沃伦:《民主与信任》,华夏出版社2004年版,第254页。

从社会资本角度分析村庄治理，其实不仅仅是强调乡村社会基础的培育，同时也重视制度的健全、完善和落实。社会资本对解析和解决乡村治理中出现的问题，都有一定的解释力。本书从类型上将社会资本分为个体的社会资本、团体（组织）社会资本、制度（政府）社会资本，对应乡村社区微观、中观、宏观层次的治理，实现了问题和理论的对接及阐释的针对性。本书在前人研究基础上，主要采用政治社会学国家与社会关系的视角，用社会资本理论来解析乡村社区治理中的一些问题。

从理论层面来说，本研究试图对中国农村的社会资本进行本土化的理论尝试，对乡村社会资本的类型做出较为符合乡村习俗和习惯的分类，探索村庄草根组织的发展机制与社区机制创新，具有较重要的学术价值。从社会资本视角解析村庄草根组织的发展机制，挖掘与整合村庄内生的组织和制度资源，解决村民自治面临的困境，对于基层民主的推进与深化具有重大的现实意义。

三、研究方法

本书采用社会资本理论为分析工具，以村庄草根组织的发展为纽带，挖掘与整合村庄治理中村庄内生的组织、制度资源与国家行为及市场的衔接，通过文本与资料分析、调查、访谈相结合，定性和定量相结合的研究方法，探索村庄治理转型的社区机制。

在数据收集方面：(1)档案资料，通过包括诸如统计年鉴、政策文本、工作总结、会议记录等材料，获得社会资本与乡村治理方面的大数据。(2)参与式观察，目前课题组成员已经在湖南、浙江、上海等地，通过参与式观察了解到了乡村治理中的一些问题。(3)问卷调查，本课题团队成员设计问卷，从社区社会资本、公民参与、公共精神、社区认同、公共空间建构、社区能力、公共服务供给等维度对东、中、西部典型类型与典型领域农村社区进行广泛的调查。(4)深度访谈，包括结构化和半结构化的访谈。通过制订合理的访谈提纲，对不同层次、不同类型和不同领域的村庄建设的工作人员进行深入的访谈，以更好地了解当前乡村治理的困境与难点。

在分析方法上:(1)文本分析法:对国内外社会资本的文献进行系统搜集整理,并进行理论本土化的尝试。(2)典型案例分析法:在问卷调查和访谈的基础上,对乡村社区治理的困境进行研究,并提出合理化建议;本课题在湖南、浙江、上海选取样本作为比较研究,并着重选取浙江三个民间组织较发达的地区——温州、台州、金华的三种类型的 20 多个村庄进行调查,注重面上调查,同时也有典型个案研究。

在具体的研究过程中:(1)前期研究,主要对国内外关于社会资本、民间组织、社区建设、乡村治理研究方面的相关文献进行整理、归类、阅读,设计问卷与访谈提纲,提出研究问题。(2)中期研究,以前期的文献研究为基础,在浙江、湖南等地进行实地调查,将理论分析与实证调查相结合,同时也运用社会学专用统计软件 SPSS 对回收的问卷进行分析,在此基础上,探讨乡村社区社会资本的类型,村庄草根组织的发展机制。(3)以前期和中期研究为基础,对村庄民间组织的发展、村庄治理的社区机制创新、乡村社会资本的培育提出政策性建议。

第一章　社会资本与乡村治理的相关文献综述

一、关于社会资本的文献综述

1. 社会资本的提出

近年来，社会资本理论是社会学研究中的一个热点理论，也是经济学、政治学等诸多学科理论分析的重要视角。"社会资本"最初是一个纯粹的经济学概念，是与"个人（私人）资本"相区别的。在社会学中，"社会资本"演化为与"经济资本"相区别的概念。在这一演化过程中，"人力资本"概念具有重要意义。经济学家舒尔茨和贝克尔把"人力资本"引入经济学分析之中，认为社会拥有受过教育和训练的健康工人决定了生产要素的利用率。人力资本概念的提出使"资本"向广义扩展，成为可以带来价值增值的所有资源的代名词，抽象了资本最初含义，为社会资本的提出奠定词源上的基础。①

社会资本是从新经济社会学演化出来的一个较有影响力的概念，但正如布朗所说，建构社会资本的理论含义依然存在很大的挑战，它要满足五方面的要

①杨雪冬：《社会资本：对一种新解释范式的探索》，载李惠斌、杨雪冬主编：《社会资本与社会发展》，社会科学文献出版社 2000 年版，第 27 页。

求:第一,不是特殊的问题;第二,不局限于特殊的分析单位;第三,各种分析在理论上不矛盾;第四,对作用、动因和结构化的相关理论进行概念上的区分;第五,能概括、组织和明确地表达现在那些业已证明具有生命力的有关社会资本的概念表述。

波茨(Portes)等人认为,在古典社会学文献中,社会资本有四种理论传统:(1)马克思和恩格斯的"有限度的团结",即不利的情形可以促使大家凝聚起来;(2)齐美尔的"互惠交易"、规范和契约,这些是通过个人化的交流网络而出现的(如邻里互助);(3)迪尔凯姆和帕森斯所讨论的"价值融合""集体意识"等概念,认为价值、道德原则和信念先于契约关系和非正式的个人目标而存在,而不是严格工具意义上的;(4)韦伯的"强制性信任"思想,即正式制度和特殊的团体背景使用不同的机制来保证实现对已经达成的行为规则的遵守,前者(如官僚)使用的是法律、理性机制,后者(如家庭)使用的是实质、社会机制。①

正式提出并将"社会资本"概念引入社会学的是法国社会学家布迪厄,他于1980年发表《社会资本随笔》一文。从阿列文·古尔纳的《互惠的规范:初步的评述》一文来看,他也许可被推选为"社会资本文字和精神上的奠基人"。而从现代使用情况来看,雅各布斯在《美国大城市的生与死》一书中这段话似乎是最早的:"网络是一个城市不可替代的社会资本,无论出自何种原因而失去了社会资本,它所带来的收益就会消失,直到新的资本慢慢地不确定地积累后它才会返还。"②自20世纪60年代兴起的社会网络研究也是社会资本研究较早而且重要的方面,其有代表性的研究有科尔曼关于社会网络对信息传播、发明推广的影响研究③,格兰诺维特关于"弱关系力量假设"④和"嵌入性"⑤概念,以及林南

---

①Portes, Alejandro and Sensenbrenner, Julia, "Embeddedness and Immigration: Notes on the Social Determinants of Economic Action", *American Journal of Sociology*, 1993, 98(6): P. 1323.

②简·雅各布斯:《美国大城市的生与死》,译林出版社2006年版,第12页。

③科尔曼:《社会理论的基础》(上),邓方译,社会科学文献出版社1999年版。

④Granovetter, Mark, "The Strength of Weak Ties", *The American Journal of Sociology*, 1973, 78(6), P. 1360—1380.

⑤Granovetter, Mark, "Economic Action and Social Structure: the Problem of Embeddedness", *American Journal of Sociology*, 1985(91), P. 493.

关于社会网与社会资源的关系研究①。

2. 国外关于社会资本的当代研究

当代社会资本的研究是从雅各布斯、布迪厄、格伦·劳瑞等人的研究开始的。在科尔曼、伯特、帕特南、波茨等学者的努力下,社会资本研究逐步理论化并引起广泛的关注。

法国社会学家布迪厄把资本分为经济资本、文化资本、符号资本和社会资本等形式,他认为,社会资本是指某个个人或是群体,凭借拥有一个比较稳定、又在一定程度上制度化的相互交往、彼此熟悉的关系网,从而积累起来的实际或潜在的资源的总和。②

经济学家格伦·劳瑞认为,"社会资本指的是促进或帮助获得市场中有价值的技能或特点的人之间自然产生的社会关系……"。③ 社会资本是诸种资源之一,存在于家庭关系与社区的社会组织之中,这类资源对儿童或青年的心理以及社会化发展至关重要。劳瑞的试探性研究工作为科尔曼更深入细致的分析铺平了道路。

科尔曼是对社会资本研究理论化贡献最大的社会学家。科尔曼认为,每个自然人从一出生就拥有了三种资本:一是由遗传天赋形成的人力资本,二是由物质先天条件(如土地、货币等)构成的物质资本,三是自然人所处的社会环境所构成的社会资本。所谓社会资本就是个人所拥有的、表现为社会结构资源的资本财产。科尔曼主张社会资本的定义应由其功能而定,社会资本由构成社会结构的要素组成,主要存在于人际关系和结构之中,并为结构内部的个人行动提供便利。和其他形式的资本一样,社会资本也是生产性的,它使某些目的的实现成为可能,而在缺少它时,这些目的不会实现。义务与期望、信息网络、规范与有效惩罚、权威关系、多功能社会组织和有意创建的社会组织都是社会资

---

①林南:《社会资本——关于社会结构与行动的理论》,上海人民出版社 2005 年版。

②Bourdieu and Passeron, *Reproduction in Education*, *Society and Culture*, London: Sage Publication,1990.

③Loury, "A Dynamic Theory of Racial Income Differences." in P. A. Wallace and LeMund, eds. *Women*, *Minorities*, *and Empioyment Discrimination*, Lexington Mass.: Lexington Books,1977.

本的表现形式。①

伯特认为，社会资本指的是“朋友、同事和更普遍的联系，通过他们你得到了使用其他形式资本的机会……企业内部和企业间的关系是社会资本……；它是成功的最后决定者”。他把社会资本概述为网络结构给网络中各节点提供资源和控制资源的程度。②

帕特南在《使民主运转起来》一书中给社会资本的定义是：社会资本指的是社会组织的特征，例如信任、规范和网络，它们能够通过推动协调的行动来提高社会的效率。在帕特南看来，社会资本有两种形式：一种是把彼此已经熟悉的人们团结在一起的社会资本，它起纽带作用；另一种是把彼此不认识的人或群体联系到一起的社会资本，它起桥梁作用。③

波茨认为，社会资本指的是处在网络或更广泛的社会结构中的个人动员稀有资源的能力。他指出，已有的社会资本文献中的共识在不断增强：社会资本代表了行为者通过社会网络或者其他社会结构中的成员身份来确保收益的能力。他还提出了“消极的社会资本”概念。④

布瑞格斯提出一个更为经济学化的社会资本定义，他认为社会资本主要包括两种形式：影响和社会支持。作为影响的社会资本是一种获得他人帮助而解决问题或取得进步的能力；社会支持则是指依赖别人的帮助应付生活中的挑战。凯斯(Keyes)等人认为，社会资本有四种要素：长期的信任和互惠关系、共识、相互利益和金融联系。⑤

特纳指出，为了特定的目的而把社会资本看作是“社会网络”或“公民组织”或许是有用的，但我们需要有一个更为广泛的社会资本概念，他认为，社会资本是指一个社会中通过创造 、保持社会关系和社会组织模式来提高经济发展潜能

---

①科尔曼：《社会理论的基础》(上)，邓方译，社会科学文献出版社 1999 年版，第 354 页。

②伯特：《结构洞——竞争的社会结构》，任敏等译，上海人民出版社 2008 年版，第 10 页。

③Robert, Putnam, *Making Democracy Work: Civic Traditions in Modern Italy*, Princeton, N. J . : Princeton University Press, 1993.

④Portes, Alejandro and Sensenbrenner, Julia, “Embeddedness and Immigration: Notes on the Social Determinants of Economic Action”, *American Journal of Sociology*, 1993, 98 (6), p1325.

⑤Gittell& Vidal, *Community Organizing: Building Social Capital as a Development Strategy*, London: Sage Publication, 1998.

的那些力量。这些因素发挥作用可以在宏观、中观、微观三个层次进行分析，即社会资本形成于：(1)一定数量的人们组织起来满足生产、再生产、管理和协作中基本的和基础性的需要（宏观制度层面）；(2)社团单元组织人力资本以及组群单元促生决定一个社会成员待遇地位的社会差别（中观层面）；(3)以面对面互动形式包含在社团和组群单元中的各种形式的社会交往（微观层面）。①

联合国开发计划署的定义则是：社会资本是一种自觉形成的社会规则，它体现于社会各组成部分的关系中，体现于人与人之间的关系之中。而且，它只有建立在民间团体和组织所达成的协议的基础上才可能是稳定的。②

目前对社会资本的研究主要集中在以下几个领域：(1)社会理论方面；(2)经济发展方面；(3)家庭和青少年行为；(4)学校教育和社会教育；(5)共同体生活，包括物理背景下的生活和“虚拟”背景下的生活；(6)工作和组织；(7)民主和政府治理；(8)集体行为问题；(9)社会资本和国际移民。③

3. 国内关于社会资本的研究

国内关于社会资本或与社会资本有关的研究大致可以分为三个方面：一是从比较宽泛的经济与文化的关系的角度所进行的研究；二是从制度经济学的角度研究制度、规范以及网络对于经济发展的意义；三是主要关注社会网络关系，直接以社会资本为对象的理论研究。④ 主要研究领域为国外社会资本理论介绍、社会资本与经济发展、社会资本与政治发展、社会资本与社会发展、社会资本与城市社区发展、社会资本与“三农”问题等方面。

关于社会资本理论介绍和内涵探讨的主要有：杨雪冬认为社会资本是对一种新的解释范式的探索。⑤ 赵延东、罗家德根据对国内外有关社会资本的经验研究的综述，对社会资本的层次及相应的测量方法进行了总结。社会资本的层

①乔纳森．特纳：《社会资本的形成》，载达斯古普特、帕萨、伊斯梅尔·撒拉格尔丁主编：《社会资本——一个多角度的观点》，中国人民大学出版社 2005 年版，第 123—124 页。

②张其仔：《社会资本论——社会资本与经济增长》，社会科学文献出版社 1999 年版。

③Woolcock, Michael, “Social Capital and Economic Development: Toward a Theoretical Synthesis and Policy Framework”, *Theory and Society*, 1998, 27(2), pp. 151—208.

④李惠斌、杨雪冬：《社会资本与社会发展》，社会科学文献出版社 2000 年版。

⑤杨雪冬：《社会资本：对一种新解释范式的探索》，《马克思主义与现实》1999 年第 3 期。

次可分为“个体/微观”和“集体/宏观”两种。在测量个体社会资本时，研究者多使用社会网络分析法，对个人网络中蕴涵的资源进行测量。而在测量集体社会资本时，研究者的重点主要集中于信任、社会参与、社会联结和规范这几个方面。①

钟涨宝、黄甲寅、万江红认为研究中国社会资本要把握本土化方向，同时结合中国城乡实际，从社会资本表现形式、运作特点、运作基础、运作机制、运作成本、运作功效以及社会资本与中国经济社会发展关系等方面来研究中国社会资本。②张文宏认为社会资本理论的争论主要是由概念界定的不统一、测量方法的差异和分析层次的不同造成的，他还对中国社会资本的研究做出总结。③

周红云则通过对布迪厄、科尔曼和帕特南这三位代表人物对社会资本的阐述，对社会资本的内涵、特征、本质、要素和功用做一辨析，并对国内学者关于社会资本的研究和应用做一初步的检视。④ 曹霈林认为社会资本在民主治理中扮演着一种黏合剂的作用。⑤ 边燕杰通过对中国 1999 年五座城市调查资料的分析，以社会资本的网络特征为视角，建构了关于社会资本构成、来源及作用的理论框架。⑥ 王诗宗则从社会资本是公共物品还是私人物品的属性来阐释，认为社会资本既具有公共物品的属性，又有私人物品的属性。⑦

关于社会资本与政治发展方面：施雪华、林畅提出乡村居民之间普遍的信任、互惠规范和通过乡村组织所建立起来的紧密的社会参与网络构成了乡村社会资本。⑧ 梁莹从协商民主和社会资本理论的角度考量我国的民主政治建

①赵延东、罗家德：《如何测量社会资本：一个经验研究综述》，《国外社会科学》2005 年第 2 期。

②钟涨宝等：《社会资本理论述评》，《社会》2002 年第 10 期。

③张文宏：《社会资本：理论争辩与经验研究》，《社会学研究》2003 年第 4 期。张文宏：《中国的社会资本研究：概念、操作化测量和经验研究》，《江苏社会科学》2007 年第 3 期。

④周红云：《社会资本及其在中国的研究与应用》，《经济社会体制比较》2004 年第 2 期。

⑤曹沛霖：《社会资本：一种解释社会的理论工具》，《探索与争鸣》2003 年第 8 期。

⑥边燕杰：《城市居民社会资本的来源及作用：网络观点发现》，《中国社会科学》2004 年第 3 期。

⑦王诗宗：《社会资本：公共物品还是私人物品》，《浙江大学学报》（人文社会科学版）2003 年第 2 期。

⑧施雪华、林畅：《社会资本视角下的中国乡村治理研究》，《北京行政学院学报》2008 年第 2 期。

设。[①] 她还以南京市作为研究个案，考察作为社会资本重要组成因素的信任、公民参与网络、规范等影响公民文化建设的过程和机制。[②] 宋黔晖认为社会资本是一个指向社会关系的结构范畴，其嵌入与自主关系的不同维度、层次的组合产生不同含量的社会资本；把它作为一种解释范式运用到乡村治理研究中。[③]

郑传贵认为社会资本在社会治理中的作用主要表现在克服集体行动的困境、提高公共政策效率、提升政府治理绩效和有利于社会和谐建构等四个方面。[④] 刘春荣论证了国家介入在社会资本生成中的重要作用。[⑤] 李姿姿认为国家在社会资本的构建中也发挥着重要作用，它一方面通过制约社会资本的消极影响，限制其对民主社会造成的损伤；另一方面通过与社会互补和嵌入社会，建构有利于经济发展和社会民主的社会资本，为有效治理提供保障。[⑥]

关于社会资本与“三农”问题方面：彭庆恩以北京市建筑行业农民包工头的个案为例，探讨了关系资本对于农民的地位获得的作用。[⑦] 奂平清以一个农村社区为个案，运用人类学实地研究和社会学问卷调查相结合的方法，较为深入和系统地研究了农村社区各层次社会资本的存量及其运作状况。[⑧] 苗月霞认为社会资本理论为分析中国农村村民自治提供了新的理论资源，一方面，村民自治作为一项制度创新，其运作绩效受到不同地区社会资本状况的影响，中国农村现存的传统社会资本对村民自治具有积极和消极的双重影响。[⑨]

胡荣根据2001年在福建省寿宁和厦门的问卷调查资料，深入分析了社会资本和其他因素对村民参与村级选举的影响。[⑩] 多数学者在探讨社会资本时，

---

①梁莹：《寻求社会资本与协商民主的良性互动》，《浙江社会科学》2005年第11期。

②梁莹：《当代公民文化成长与培育中的社会资本因素探析——以南京市调查为例》，《湘潭大学学报》2008年第2期。

③宋黔晖：《社会资本视域下的乡村治理》，《学术研究》2007年第3期。

④郑传贵：《社会资本在社会治理中的推动作用》，《求实》2007年第3期。

⑤刘春荣：《国家介入与邻里社会资本的生成》，《社会学研究》2007年第2期。

⑥李姿姿：《国家行为与社会资本建构》，《兰州学刊》2007年第2期。

⑦彭庆恩：《关系资本与地位获得》，《社会学研究》1996年第7期。

⑧奂平清：《农村社区社会资本状况研究——西北弓村实地研究》，西北师范大学硕士论文，2002年。

⑨苗月霞：《社会资本视域中的中国农村村民自治运作绩效》，《河北学刊》2005年第3期。

⑩胡荣：《社会资本与中国农村居民的地域性自主参与——影响村民在村级选举中参与的各因素分析》，《社会学研究》2006年第2期。

都是先对社会资本做简单的理论介绍,然后对其某个方面的功能做实际考察,缺乏系统化地对我国不同载体社会资本内涵和功能的本土化探讨;另外,还有很大一部分学者过分强调关系网络的作用,而忽视社会资本具有的丰富人文内涵。

关于乡村社会资本方面的研究主要有:张文宏、阮丹青、潘允康在调查统计的基础上,从社会网的规模、关系构成、紧密程度、趋同性、异质性等几个方面分析了天津农村居民人际交往网络的基本情况,指出了天津农村居民社会网是以高趋同性、低异质性、高紧密性为特征的。①

李熠煜认为当代中国乡村主要活跃着三类民间组织:血缘、地缘和业缘性民间组织,而对地缘和业缘的工具性关系的灵活运用是乡村民间组织进一步发展的动因。② 林聚任、刘翠霞从社会风气观、公共参与、处事之道、信任安全感和关系网络 5 个维度,调查了山东省农村的社会资本状况。③

胡荣在福建省寿宁县和厦门市的实证研究表明,中国农村居民的社会信任与信任对象的个人特点以及社会交往的密切程度有紧密联系。④ 郑传贵认为社会资本与社区治理之间关联性很强,丰富的社会资本是提高社区治理绩效的前提条件,在村庄治理过程中,以自然村为基本单位,不仅具有理论上的合理性,而且在现实中具有能够更好地提高新农村建设绩效和实践的可行性。⑤ 以上对乡村社会资本的研究,一般是从关系与信任两个因素对中国本土的社会资本研究,且少有系统的研究与归纳。

4. 社会资本理论研究的局限性⑥

社会资本作为一种理论和概念,其运用性越来越广,并且在理论建构和经

---

①张文宏、阮丹青、潘允康:《天津农村居民的社会网》,《社会学研究》1999 年第 3 期。

②李熠煜:《关系与信任:乡村民间组织生长成因分析》,《法制与社会发展》2004 年第 5 期。

③林聚任、刘翠霞:《山东农村社会资本状况调查》,《开放时代》2005 年第 4 期。

④胡荣:《中国农村的社会信任》,《中共天津市委党校学报》2005 年第 2 期。

⑤郑传贵:《社会资本与社区治理——兼论以自然村为新农村建设基本单位的合理性》,《求实》2007 年第 10 期。

⑥关于社会资本理论局限性的探讨,本文参考了张文宏:《社会资本:理论争辩与经验研究》,《社会学研究》2003 年第 4 期。

验研究方面取得了不少的成果，但是在社会资本理论研究方面仍然有一些不足。

(1) 社会资本不仅仅只具有整合资源的积极作用，还有消极作用和反作用，例如黑手党、黑帮的案例。“社会联系能够极大地控制个人的任性行为并提供摄取资源的特许渠道；但是社会联系也限制了个人自由，并通过特殊的偏爱阻止局外人进入获取同一资源的渠道”。① 社会资本消极作用的产生，与资本的积累和投资于特定的群体或社会空间密不可分。封闭性的社会联系和社会结构，结构洞的存在，是社会资本产生消极功能的根本原因。

(2) 社会资本理论是基于理性人的假设，是另一种形式的理性选择理论，因而忽视了人类行动的非预期、非理性、无理性后果的存在。

(3) 社会资本理论知识学术性、严谨性不足。一些社会学家开始把社会生活的每一个特征都从实质上归结为社会资本的一种形式。② 社会学家把除物质资本和人力资本之外的一切东西概述为“社会资本”，扩大了社会资本的内涵和外延，力图使其成为解释或解决一切社会问题的灵丹妙药。③

二、关于社区研究的文献综述

社区的英文词是 community④，其词意有几种解释：1. 由同住一地区或一国的人所构成的社会；2. 团体，社团，如华人社团，妇女社团；3. 公众；4. 国家间的共同体，如欧洲共同体；5. 共有、共享、共同责任；6. 共同性、同一性、一致，如利益的一致；7. 社交活动、群居状态。社区的，也可作形容词，如同社会的，公众

---

①Portes, Alejandro, “Social Capital: Its Origins and Applicationsin”, *Modern Sociology* . *Annual Review of Sociology*, 1998(24).

②Woolcock, Michael, “Social Capital and Economic Development: Toward a Theoretical Synthesis and Policy Framework”, *Theory and Society*, 1998, 27(2), pp. 151－208.

③同①。

④中文译法另有“社群”“共同体”及“礼俗社会”。“社区”偏重地域性因素，“社群”更加强调群体意蕴，“礼俗社会”则强调传统习俗规范的作用。其实用共同体更能强调基于情感欲求形成的休戚与共的结合状态，但本文为了强调和社会资本相对应的一种状态，故采用了社区一词。下文中的共同体也是表述社区的意义。

的,团体的,如社区活动中心,社区教堂,指各教派的联合教堂。大部分社区研究者倾向于认为,就社区而言,从某种意义上来说,社区是指这样的群体,其成员之间通过各种方式频繁地、直接地相互影响。在这个意义上,一起工作的人通常就是一个社区,邻里、朋友职业圈、黑帮,以及体育联合会也都是社区。因此,关系而非影响是社区的主要特征。①

1. 社区概念

德国现代社会学的奠基者费迪南·滕尼斯于 1887 年在《共同体与社会》一书中首次提出"社区"概念,他认为"社区"与"共同体"两个概念具有完全一致的内涵。按照滕尼斯的观点,"社区"是指那些有着相同价值取向、人口同质性较强的社会共同体,其体现的人际关系是一种亲密无间、守望相助、服从权威且具有共同信仰和共同风俗习惯的人际关系,它不是社会分工的结果,而是由传统的血缘、地缘和文化等自然因素造成的,其外延主要限于传统的乡村社区。在该书中,他在比较了现代社会与社区的两类差别很大的社会人际关系之后,认为"农村社区就是人们生活的共同体,是一种持久的和真正的共同生活的载体;共同体又可分为血缘共同体、地缘共同体和精神共同体等三种类型或层次"。所以,他提出"在共同体里,尽管有种种的分离,仍然保持着结合;在社会里,尽管有种种的结合,仍然保持着分离"。② 希拉利在 1955 年收集了 94 个不同社区的定义,其中 69 个都强调下列三个要素:社会互动、地域、共同关系。③

2. 关于社区的理论研究

社区研究的理论流派包括类型学方法理论、生态学方法理论、整体研究理论、冲突的理论。

其中古典类型学理论以费迪南·滕尼斯为代表,他的《共同体与社会》为后来所有类型学的发展提供了基础。马克斯·韦伯对类型学的贡献,呈现在他的

---

①萨缪尔·伯勒斯、赫尔伯特·基提斯:《社会资本与社区治理》,载曹荣湘选编:《走出囚徒的困境——社会资本与制度分析》,上海三联书店 2003 年版,第 129—152 页。

②费迪南·滕尼斯:《共同体与社会》,商务印书馆 1999 年版,第 95 页。

③以上归纳引自徐琦编著:《社区社会学》,中国社会出版社 2003 年版。

经典著作《宗教伦理与资本主义精神》《经济与社会》《宗教社会学》中，韦伯把这种转化归因于正在增长的“理性化”。埃米尔·迪尔凯姆划分了联系的两种类型：机械团结和有机团结。

罗伯特·雷德菲尔德提出了“民间社会”概念。在《尤坎他的民间文化》里，罗伯特·雷德菲尔德发现，越小、越与世隔绝、越同类的社区，就越是共同体的生活方式，而理想的社区类型是“小的、孤立的、同类的、有着很强群体团结意识”的，这样的社区仅仅有一个最小的劳动力分工，主要基于性别角色的分化和一个共享的生活方式。他把理想的民间社区描述为经济上自给自足，并独立于更大的周边社会。文化上，它是传统的和不加批评的，以宗教和亲属关系为基础。把路易斯·沃斯《作为生活方式的城市主义》和罗伯特·雷德菲尔德《民间社会》联系起来看，我们有了一个农村社区和城市社区的连续体。

生态学方法主要有四种：古典的、社会文化的、新正统的、社会的地区分析——因素生态学。古典生态学理论可以追溯到芝加哥大学社会学系及其领导人罗伯特·帕克，他认为，人类组织具有两重性。一方面，社区是人类自然的表达，显示为达尔文的竞争至上；另一方面，社会是集合现象，显示在社会群体的一致和普遍目标上。社会是人类存在文化的一致的方面，社区是它生物竞争的那一面。“生态学关心的是社区而不是社会，尽管区分它们并不容易”。芝加哥学派倡导的人类生态学研究在战后初期曾一度趋于衰落，但 20 世纪 60 年代以来，这种研究在去除原有的机械论观点和共生类比方法的基础上又获得了新的发展。例如，克斯莱(Kearsley)提出的当代西方都市区社会空间结构模式，已在很大程度上反映了分散化、内城衰落和中产阶级化对西方城市社区变迁的影响。

社会系统的社区理论(整体研究理论)的主要代表者美国学者桑德斯提出了社会互动模式。农村社区研究起源于美国，1894 年，罕德逊在美国芝加哥大学讲授《美国乡村生活的社会环境》，一般认为，跟此情况相关，这是农村作为社会学研究的开端，从此以后，芝加哥大学每年暑期都开设“乡村”的课程，对农村社区的研究也从这里开始。①

---

①以上归纳参阅徐琦编著：《社区社会学》，中国社会出版社 2003 年版。

3. 社区研究的新近发展与本土乡村社区研究

由于“社区”是一个地理的，同时也是一个文化的概念，它的研究包括历史、社会、宗教、民俗、经济、政治、地理等多个领域和视角，社区研究的新近发展主要表现在以下方面：

关于社区能力方面，博文(Bowen, G. L.)，马丁(Martin, J. A.)，曼斯尼(Mancini, J. A.)，尼尔森(Nelson, J. P.)，社区能力模型为加强家庭与社区之间的支持边界提供了一个解释框架。这个模型证明了支持网络与社会资本之间的关系，这种关系影响社区能力的建设以及社区的最终结果。讨论集中在社区成果的类型，影响的层次及社区干预项目的意义，其中重点放在正式网络如何能够增进非正式关系的建构并加强和支持个体。①

关于社区概念方面，布莱特(Brint，S.)讨论了 8 种结构各异的次级社区类型：地域的社区，公社与集体，地方化和分散的友谊网络，以活动为基础的随意选择的社区，以信仰为基础的随意选择的社区，选择性的社区，想象的社区，虚拟的社区。他还讨论了各个社区里的成员之间的特征和关系及建构社会支持和社会资本的影响。②

关于邻里关系与社区方面，查斯金(Chaskin, R. J.)，法莱尔(Farrell, S. J.)，奥布瑞(Aubry, T.)，克罗比(Coulombe, D.)，弗斯腾博格(Furstenberg, F. F.)和休斯(Hughes, M. E.)提出了邻里与社区的定义、概念框架，这是站在文献回顾的视角，主要关注的是邻里与社区的地理边界，当然，另外还讨论了社区成员贡献的网络分析以及他们利用网络支持，在社会体系中社区的权力和影响，社会组织的挑战和持续发展力。③

关于社区与社会资本方面，林南(Lin, Nan)，库克(Cook, K.)，博特(Burt, R. B.)，波茨(Portes, A.)，帕特南(Putnam, R. D.)主要关注从理论

①Bowen, G. L. et al., “Community Capacity: Antecedents and Consequences,” *Journal of Community Practice*, 2000.

②Brint, S., “Gemeinschaft Revisited: A Critique and Reconstruction of the Community Concept”, *Sociological Theory*, 2001(12).

③Chaskin, R. J., “Perspectives on Neighborhood and Community: A Review of the Literature”, *Social Service Review*, 1997.

和实证角度对个体、团体、社区层面的社会资本的运用。①

约翰逊(James, H Johnson)和桑特斯(Pamela, Santos)探讨了怎样培育农村社区,提高在知识经济社会的竞争力。② 法莱尔(Ferrell, Mary Zey)则讨论了乡村社区的社会权力。阿特金(Chris, Atkin)从人力资本和象征资本的角度,它们二者领域的分离,来讨论乡村社区的教育问题。利洛瓦(Lylova, Oksana V.)分析了乡村社区的非正式的帮助形式,这是对乡村社区的一种网络分析形式。③

社区研究在中国也是学者们研究的重要内容。在中国大陆,社区的概念是20世纪30年代由吴文藻、吴景超等老一辈人类学家、社会学家提出来的。对于乡村社区的描述,比较经典的当数费孝通的《乡土中国·生育制度》。关于中国乡村的研究,主要是从以下几个方面展开:

乡村社会关系的性质与结构:费孝通用差序格局对中国乡土社会的特征进行归纳④,梁漱溟提出中国社会是"伦理本位的社会"⑤,是"村落社会",杨念群、郑杭生、洪大用提出"家国同构论",孙立平用"总体性社会"描述了中国社会的关系与结构⑥,徐勇提出"内核一边层"的二元结构论⑦,胡必亮则用关系共同体来描述乡村社会关系的特征⑧,周建国提出紧缩圈层结构理论⑨,荣敬本提出

---

①Putnam, R D, *Making Democracy Work*: *Civic Traditions in Modern Italy* . *Princeton*, N. J. :Princeton University Press, 1993.

②James, H. Johnson, Pamela, Santos, "Fostering Rural Community—Competitiveness in a Knowledge—Driven Economy", *Economic development Journal Fall*, 1993.

③Chris, Atkin, "Rural Communities: Human and Symbolic Capital Development, Fields Apart", *British Association for International and Comparative Education*, 2003, 33 (4).

④费孝通:《乡土中国·生育制度》,北京大学出版社1998年版。

⑤梁漱溟:《中国文化要义》,学林出版社1987年版。

⑥孙立平:《关系、社会关系与社会结构》,《社会学研究》1996年第5期。

⑦徐勇:《现代国家建构中的非均衡性和自主性分析》,《华中师范大学学报》(社科版) 2003年第9期。

⑧胡必亮:《关系共同体》,人民出版社2005年版。

⑨周建国:《紧缩圈层结构论——一项中国人际关系的结构与功能分析》,上海三联书店2005年版。

"压力型体制"。①

村落共同体类型:杜赞奇将《中国农村惯行调查》中的 6 个村庄分为 4 种类型,并着重分析了两种理想的村庄类型:宗族型和宗教型。② 黄宗智则从区域的角度对村庄进行类型划分。他将村社分为长江三角洲农村和华北农村,并从居住形态、社会活动圈和村庄的政治组织等方面比较了这两种类型的村社之间的差别。③ 王沪宁在一项当代中国村落家族文化研究中,对村落家族中的族老结构进行类型划分,并依此概括出四种类型的村庄权力结构:荣誉型、仲裁型、决策型、主管型。④ 王晓毅以经济发展水平为横轴,以村组织的管理程度为纵轴,将 1990 年代初期的农村分为四种类型:第一类是集中的同质社会,如传统的农业社会;第二类是集中的异质社会,如苏南模式;第三类是分权的同质社会,如山区农村;第四类是分权的异质社会,如温州模式。⑤

贺雪峰、仝志辉以社区记忆强弱和经济社会分化程度二维因素将村庄划分为四种理想类型。⑥ 而罗兴佐《农民行动单位与村庄类型》综合了村庄层面的农民行动单位,具体为宗族、户族、小亲族和个体家庭;将村庄划分为宗族型、户族型、小亲族型和个体家庭型。⑦

由于在村落研究中,划分的基准与研究的视角有异,因此村落共同体的类型不同。但总结起来,基本上是从传统性(文化性)和现代性(市场化、工业化、经济社会分化)出发对村庄进行类型划分的,他们或以传统性为标准(如杜赞奇、王沪宁),或以现代性为标准(如王汉生、王晓毅),或以传统性和现代性二维因素为标准(如李国庆、贺雪峰等)。这种分类方法侧重于村庄社会变迁视角,

---

①荣敬本:《从压力型体制向民主合作体制的转变——县乡两级政治体制改革》,中央编译出版社 1998 年版。

②杜赞奇:《文化、权力与国家——1900—1942 年的华北农村》,江苏人民出版社 1996 年版。

③黄宗智:《长江三角洲小农家庭与乡村发展》,中华书局 2000 年版。

④王沪宁:《当代中国村落家族文化——对中国社会现代化的一项探索》,上海人民出版社 1991 年版。

⑤王晓毅:《血缘与地缘》,浙江人民出版社 1993 年版。

⑥贺雪峰、仝志辉:《论村庄社会关联——兼论村庄秩序的社会基础》,《中国社会科学》2002 年第 3 期。

⑦罗兴佐:《农民行动单位与村庄类型》,《中国农村观察》2006 年第 3 期。

突出了村庄行为主体的背景结构；也有从村庄行动者视角对村庄进行类型划分。

三、关于乡村治理的文献综述

1. 乡村治理的国内研究

对于乡村治理的含义，有这样几种观点。其一是“乡村治理”即“村治”，比如张厚安认为，村治是指乡镇以下的农村，是村民自治的治理结构，村委会的关系行为属于群众性自治行为。① 其二是指村庄政治，比如贺雪峰、肖唐镖认为，村治即村级治理，是指村庄公共权力对社区公共事务的组织、管理与调控。徐勇等人则认为，村级治理是通过公共权力的配置与运作，对村域社会进行组织、管理和调控，从而达到一定目的的政治活动。② 其三是指村民自治，如郭正林在分析乡村治理的影响因素时认为，乡村治理概念主要指“村民自治”，而村治概念难以反映村庄治理行为及其制度的复杂结构，可以用“村政”概念代之。村庄治理（或村组治理）是村级治理研究的核心内容。

村庄治理研究的目的，就是要在市场化和现代性不断渗入到农村和农民生活之中的背景下，为农民和他们在村庄的生活找到依据与理由。这个意义上，村庄治理研究至少应该包含三个方面的内容，一是要研究农民的生存处境及这种处境下的本体价值和生存意义，比如站在农民感受角度理解他们的生存体验和对生活价值的判断并提出建设性的意见；二是从农民现金收入很少、闲暇时间很多的实际出发，为农民提供各种各样社会性交往的机会，引导农民从社会交往方面，而不仅仅从经济收入方面评判人生价值与意义，从而重建村庄生活的意义；三是建立有效的公共物品和公共服务供给机制，诸如公共卫生、医疗、教育、水利、基本的保障和其他种种公共物品供给机制。简而言之，乡村治理是指如何对中国的乡村进行管理，或中国乡村如何可以自主管理，从而实现乡村

①张厚安：《中国农村基层政权》，四川人民出版社 1992 年版。

②张厚安、徐勇：《中国农村政治稳定与发展》，武汉出版社 1995 年版。

社会的有序发展。乡村治理这个词有两个偏向性的所指，一是强调地方自主性，二是强调解决农村社会发展中存在问题的能力。而且乡村治理的理论设想显然不是在一张白纸上绘图，而是在乡村社会既有格局基础上，通过对现有治理困境的深度反思和审视来寻求灵感与答案。制度变迁的“路径依赖”决定了乡村治理结构的现代转型将是一个渐进性、非均衡性和反思性的过程。

关于乡村治理与乡村社会性质的文献，主要有王沪宁的《当代中国村落家族文化——对中国现代化的一项探索》，作者基于当代中国的社会现代化运动，密切联系我国当前社会发展中的现实，探讨了改革中出现的一系列矛盾问题，并提出了一些对策性的建议，具有一定的实践价值。这些政策建议的具体内容是，改革开放以来村落家族文化一定程度上的恢复折射出中国目前乡村发展中存在的首要问题，即社会基层组织与社会体制的脱离，从而使社会基层呈现某种秩序涣散、整合缺乏的现象。从历史的经验来看，中国社会发展的最大问题在于缺乏有力的组织和合理的体制，因而形成资源无以聚集，社会无以快速发展的局面。因此，中国乡村的发展首先应在体制变革上做出选择，建立起合理而有效的社会体制，总体上应在以下几个方面做出努力：增加资源、稳定核心、坚固基层、扩大手段、扶助乡政、理顺人事、完善规范、加强监督等。建立合理的社会体制，发挥乡村基层组织的功能，是中国社会长期发展的战略任务。①

张厚安主编的《中国农村基层政权》阐述了中国自秦汉以来的农村基层建制演变。该书的突出成就是提出了“乡政村治”的概念，并分析了农村改革开放后形成的这一新的治理模式，以及在这种治理模式下的乡镇基层政权与群众自治组织的关系。② 张厚安等人撰写的《中国农村村级治理——22个村的调查与比较》，围绕中国农村村级治理展开，文章介绍了村级治理的背景、过程与模式；重点调查了国家权力介入下的白鹤村，规范化管理的典型村以及能人治理和集体经济较发达的村庄；还从传统与现代的角度对十几个村庄进行了一般性调

①王沪宁：《当代中国村落家族文化——对中国现代化的一项探索》，上海人民出版社1991年版。

②张厚安：《中国农村基层政权》，四川人民出版社1992年版。

查。① 徐勇的《中国农村村民自治》，系统研究中国农村村民自治制度，通过制度研究和实证分析探讨了中国村民自治制度作为新的乡村治理模式的发展和功能、制度本身的难题与对策等问题。② 徐勇的《乡村治理与中国政治》分成村民自治，县乡治理、乡村发展及以中国为主位的政治学四个部分。作者认为村民自治是一项伟大的制度创新，其意义在于基层民主或社会民主推动国家治理与民主的转型，从而促进国家与社会的良性互动。③

折晓叶的《村庄的再造——一个“超级村庄”的社会变迁》描述深圳特区万丰村在整个国家现代化建设道路上由农村向“工业村”的转化过程，讨论乡镇企业的兴起和农民外出流动的热点话题；而《社区的实践——“超级村庄”的发展过程》的作者通过对自己深入调查的三类村庄的个案比较研究，对超级村庄这样一种新型的社区形态的形成、发展及其内部特征进行了深入描述和分析，并借此对国家与社会、城市与乡村、个人与集体关系中出现的新情况进行了创造性的思考。作者认为，超级村庄的例子，以微观的形式简单明了地显示了中国农村发展的某些倾向，并启发我们注意、研究有关农村现代化的一系列现实问题，如乡土社会内源性发展的可能性及其意义、“能人”的作用问题、乡村重建社区共同体的可能性和必要性、多种所有制下解决问题的趋同性、社区实践中的合作问题、新的地方中心、去行政化的可能性及“有增长无发展”的难题等一系列问题。④

王铭铭、王斯福主编的《乡土社会的秩序、公正与权威》，收入了 1997 年 8 月于北京召开的“乡土社会的秩序、公正与权威研讨会”论文共 11 篇。虽然这些论文有各自的风格，但是，所有论文均关注中国乡土社会的文化与权力问题，强调了基层社会的深入考察对于理解中国社会及其变迁的重要性。该书也代

①张厚安、徐勇、项继权，等：《中国农村村级治理——22 个村的调查与比较》，华中师范大学出版社 2000 年版。

②徐勇：《中国农村村民自治》，华中师范大学出版社 1997 年版。

③徐勇：《乡村治理与中国政治》，中国社会科学出版社 2003 年版。

④折晓叶、陈婴婴：《社区的实践——“超级村庄”的发展过程》，浙江人民出版社 2000 年版。

表了一次社会人类学与法学、政治学的跨学科试验。① 王铭铭的《溪村家族——社区史、仪式与地方政治》，作者以经验观察中的溪村祠堂、地方权力与议事活动的具体情形揭示民间传统复兴过程中当地权力关系和议事话语的基本特征。他指出，草根政治及其话语是村落民间传统复兴的核心动力与内容，这种政治和话语虽同历史上的情形一样参考了“官方解释”，但在实质上构成了一种自主的运动，而这种运动从有关汉人家族与“裂变型国家”的理论问题上得以解释。②《村落视野中文化与权力——闽台三村五论》中作者基于三个村落的实地考察素材而展开的理论思考，分别探讨了民族—国家与传统家庭社会组织之间的关系，现代化过程中民间传统的地位，现代福利制度比较视野中的地方性互助制度，民间生活观念与现代幸福观的可比性，现代权威制度建设历程中民间权威的延续等问题。尽管这些论文探讨的主题和角度各有不同，但它们始终贯穿着通过理解民间文化来反思现代性的努力，力图把学术的视野延伸到民间去。③

赵秀玲的《中国乡里制度》认为20世纪中国乡里制度研究的一个重要局限性就在于“微观研究有余而宏观把握不足”。因此，作者研究的一个总体思路是力图从宏观上进行探索和把握中国乡里制度的发展规律及其是非得失。④ 张乐天的《告别理想——人民公社制度研究》以浙北的一个普通村庄为研究对象，从外部冲击——村落传统互动的视角展现了从人民公社成立、“文化大革命”、20世纪70年代直到人民公社解体这一历史时期的乡村政治、社会生活的各方面，为研究人民公社时期的乡村治理提供了一些有参考价值的资料。⑤ 王仲田等著的《乡村政治——中国村民自治的调查与思考》通过一系列调查报告和工作报告的原始记录为形式，来反映村民自治的实践过程，按照民主选举、民主决策、民主管理和民主监督的制度顺序，编排全书的结构，对村民自治实践中取得的

---

①王铭铭、王斯福主编：《乡土社会的秩序、公正与权威》，中国政法大学出版社1997年版。

②王铭铭：《溪村家族——社区史、仪式与地方政治》，贵州人民出版社2004年版。

③王铭铭：《村落视野中文化与权力——闽台三村五论》，北京：生活·读书·新知三联书店1997年版。

④赵秀玲：《中国乡里制度》，中国社会科学文献出版社1998年版。

⑤张乐天：《告别理想——人民公社制度研究》，上海人民出版社2005年版。

成果和遇到的问题做了深入的调查与探讨，是一本较早描述村民自治的书。①

毛丹的《一个村落共同体的变迁——关于尖山下村的单位化的观察与阐释》用单位、单位体制的视角来描述浙江萧山尖山下村的变迁，用“单位化村落”的概念来表示这个村落的变迁过程及其特征，作者试图表明，由同质个人、核心家庭、家族及一个或多个家族组成的村落，构成了中国的乡土社会，村落可能是国家与社会的交接点；乡村大力兴办工业可以引起由“乡土社会”向“法理社会”变迁，这种变迁会在乡村的工业化、小城镇化及日常生活中的价值上导致非传统化倾向；由于自然环境因素（如交通、地理）、政治因素（如后发展国家中的国家与社会的关系、利益地缘化等）、历史因素（如城市与乡村的分割传统）的作用，乡村在现实和可能上都难以被完全城市化，也难以在社会互动方式上被完全整合为法理社会，因此在现实上有了“村落单位”作为某种典型的过渡或者中间形态。② 毛丹、任强的《中国农村公共领域的生长——政治社会学视野里的村民自治诸问题》则用公共领域的理论视角，阐释了在村民自治过程中产生的一些新问题。

陆学艺主编的《内发的村庄》从政治、经济、社会和文化的角度，对行仁庄的村落类型进行了分析，行仁庄社会结构的突出特点是村集体性较强，农户在经济和行政领域对村集体的依赖性较大，随着市场经济的发展，村民与村组织在经济领域的关系开始从一种服从和强制的关系转变为交换关系；但村民有关行政服务的需求还主要依赖村组织提供；村民之间民间的互助功能正处于恢复和强化之中。③

张静的《基层政权——乡村制度诸问题》的中心主题在于说明乡村社会的权力结构及其性质，并用此解释乡村冲突的结构和制度性来源。虽然基层政权与社会利益的分离不断再造紧张的社会关系，但更多的社会制度仍将权力分配给基层政权，从而使它仍然位于控制并整合基层利益的中心地位。这种制度安

①王仲田、詹成付主编：《乡村政治——中国村民自治的调查与思考》，江西人民出版社1999年版。

②毛丹：《一个村落共同体的变迁——关于尖山下村的单位化的观察与阐释》，学林出版社2000年版。

③陆学艺主编：《内发的村庄》，社会科学文献出版社2001年版。

排，允许其与社会力量的对比处于严重的不平衡中，由此不断“生产”出不稳定的关系结构，可是由于国家治理对它的依赖，基层政权总体上在政治经济和社会权力方面保持控制优势。这一状况的社会政治结果，一方面，是基层权威道德的、管辖的合法性下降，以其为中心的社会整合变得越来越困难；另一方面，基层政权离间社会和国家联系的作用越来越明显。事实上，大量证据表明，在治理原则上，现代公共组织的行为规则并未普及；在治理结构上，统一而直接的管辖结构也没有通过“国家政权建设”而确立，而这又持续了利益分离和权利分布的不平衡，从而制造着政治整合的困难，这一困难并不能由“国家政权建设”得到解释，因为这一“建设”的任务并未完成，它未使基层社会的治理结构、原则和规范发生朝向现代的重要转变。①

胡荣的《理性选择与制度实施——中国农村村民委员会选举的个案研究》，通过选取 1997 年福建省村民委员会换届选举作为个案，探讨和分析了选民、候选人及包括乡镇选举指导组成员和村选举领导小组成员在内的选举主持者和监督者的参与，如何促成村民委员会选举制度的实施及这些行动者在制度框架限制下的各种策略抉择，作者通过研究发现，村委会选举已经成为一种在一定范围内有选择的选举；村委会选举制度的主要制度规范都得到了实施，从制度形式变成了制度规范；村民的参与是村委会选举制度得以实施的关键；经济的发展有利于促进村委会选举制度的实施。②

徐秀丽主编的《中国农村治理的历史与现状：以定县、邹平和江宁为例》，作者认为中国的乡村治理是一种政府主导的、多元的精英治理模式，面临的主要困难在于法律规定的乡村自主制度在很大程度上流于形式，政府干预过多，非法势力比较严重地干扰了乡村的民主治理。③

于建嵘的《岳村政治——转型期中国乡村政治结构的变迁》，在深入的乡村社会调查基础上，以岳村为表述对象而建立的有关中国乡村政治状况的理论分

①张静：《基层政权——乡村制度诸问题》，上海人民出版社 2007 年版。

②胡荣：《理性选择与制度实施——中国农村村民委员会选举的个案研究》，上海远东出版社 2001 年版。

③徐秀丽主编：《中国农村治理的历史与现状：以定县、邹平和江宁为例》，社会科学文献出版社 2004 年版。

析模型，通过对岳村一个多世纪以来的政治关系、权力体系、政治控制、政治参与和政治文化的变迁过程进行客观描述和分析，试图从政治社会学和政治人类学的角度，来剖析转型期中国乡村政治发展的过程和特征。乡村政治发展的基本逻辑是，随着国家对乡村经济依赖性的减弱和乡村市场经济的发展，以及传统权力文化向现代权利文化的转变，国家的行政权力将逐渐退出乡村的政治领域，乡村社会将逐渐完成从身份到契约，实现从传统的专制家族社会向现代民主的个体社会的转型。①

张鸣的《乡村社会权力和文化结构的变迁(1903—1953)》在中国国家现代化过程的视野下，讨论国家政权与乡村社会以及文化权力之间的关系。肖唐镖等著的《宗族、乡村权力与选举》，经研究发现，宗族一经重建，往往会对选举发生影响力，二者是一种互动状态，宗族对选举的影响是非正式的非组织行为，是自发的个人行为，与影响村民选举的多种因素相比较，特别是强大的政府行为和乡村干部操作行为相比较，宗族因素的影响程度很低。② 吴毅的《村治变迁中的权威与秩序》以四川东部地区一个村庄在 20 世纪 100 年来的历史变迁为背景，重点考察了乡村治理中的权威与秩序问题。项继权的《集体经济背景下的乡村治理——南街、向高和方家泉村村治实证研究》以三个分别位于东、中、西部的村庄为个案，分析了集体经济与乡村治理的关联和影响。

贺雪峰的《新乡土中国》是一本调查札记，作者抓住生活细节，描述了如农村的半熟人社会，农民的合作能力，制度下乡，村庄的精英谱系，农民的负担机理，积极行政的功与过等一些中国经验与常识。《乡村治理与秩序》是一本研究村民自治的论文集，全书分为三个部分，上篇为村治的含义与展开，作者认为村治有两种含义，一是在乡村建设意义上使用村治，二是在村级治理的意义上使用村治，以此为基点，从研究范围、现状、意义与方法及村级治理要解决的问题和可以借用的资源各个方面展开了讨论；中篇为村民自治的理论与实践，作者认为《村民委员会组织法》规定的村民自治方向并没有问题，但若仅仅从民主的方面来讨论村治，忽视村治事实上的村庄内部指向，会脱离农村的实际；下篇为转型时期的乡村秩序，作者试图从国家行政能力大小、主导意识形态强弱、农民

①于建嵘：《岳村政治——转型期中国乡村政治结构的变迁》，商务印书馆 2001 年版。

②肖唐镖等：《宗族、乡村权力与选举》，西北大学出版社 2002 年版。

被剥夺程度高低三维因素建立一个分析模型，在此基础上讨论中国农村保持秩序的能力，作者还从村庄权力及国家与农村社会互动的具体路径等方面讨论了乡村秩序及相互之间的关系。① 除此以外，作者还有《乡村治理的社会基础》《乡村的前途》《村治的模式，若干案例研究》等著作。

仝志辉的《选举事件与村庄政治》，作者认为一村的村庄社会关联状况构成村庄政治格局的基本背景和影响因素，影响到村庄精英参选动机的村庄内部生成，影响到普通村民对村庄公益和群体利益的需求，因而决定了精英动员所能调动的资源、动员的诉求和动员的方式；同时，一村的村庄社会关联状况影响了普通村民被动员后相对于精英的自主程度和投票取向，从而也影响了精英动员的方式选择、技术运用和效果。因此村庄的选举参与是一种“关联性参与”，“关联性参与”揭示了村庄内部因素对村民参与选举的影响，揭示了村民选举行为生成和演化的复杂机制，构成村民参与选举的基本属性。②

郭正林的《中国农村权力结构》，作者认为中国的村庄政治具有二元结构性质，过去是“官民共治”，现在是“党政二元”。为什么村民选举会产生连锁反应的效果，这就必须从权力资源、权力的合法性来源等方面加以认识。③

苗月霞的《中国乡村治理模式变迁的社会资本分析——人民公社与“乡政村治”体制的比较研究》，通过比较中华人民共和国成立后乡村制度变迁过程中人民公社和“乡政村治”体制的治理绩效，分析这两种制度不同绩效产生的原因，可以看出乡村社会资本是影响制度绩效的重要原因。由于中国乡村社会资本以宗族和民间信仰等传统形式为主，这些传统社会资本形式在一定时期和某些情况下会对乡村治理产生积极作用，但也存在不少消极影响，随着社会的发展，传统社会资本必须做出转型，才能适应社会需要。一方面要对传统社会资本继承和发展，实现传统社会资本的现代转型；另一方面，要积极培育现代社会资本，在此过程中，政府可以通过培育民间组织等方式起到积极推动作用，只有现代社会资本存量大大增加，社会普遍信任才可能促进大范围的集体行动，乡

①贺雪峰：《乡村治理与秩序》，华中师范大学出版社 2003 年版。

②仝志辉：《选举事件与村庄政治》，中国社会科学出版社 2004 年版。

③郭正林：《中国农村权力结构》，中国社会科学出版社 2005 年版。

村治理绩效才能提升，中国的现代化才能有坚实的社会基础。①

除此以外，还有荣敬本等著的《再论从压力型体制向民主合作体制的转变——县乡两级政治体制的比较研究》，肖唐镖等著的《村治中的宗族》《当代中国农村宗族与乡村治理——跨学科的研究与对话》，金太军的《乡村关系与村民自治》《乡村改革与发展》《村庄治理与权力结构》，吴新叶的《农村基层非政府公共组织研究》，程同顺的《农民组织与政治发展》，张静的《现代公共规则与乡村社会》，彭勃的《乡村治理——国家介入与体制选择》，刘亚伟的《无声的革命：村民直选的历史、现实和未来》，这些研究成果运用个案研究和分类比较对中国乡村社会的社会特质、社会结构、社会转型及突出的矛盾和问题等，从政治、经济、文化、心理各个方面进行了比较深入细致的研究。

2. 西方汉学家对中国乡村治理的研究

西方汉学家也对中国乡村社会充满了研究兴趣。早在 20 世纪上半期，一些外国学者就开始涉足中国农村和农民问题研究。如库尔普(Daniel Kulp)撰写了《南部中国的乡村生活：家族主义的社会学》，卜凯的《中国农家经济》，以及同一时期费正清的《美国与中国》，日本“满铁”调查报告出版《中国农村惯行调查》(6 卷)等。到了 50—70 年代，国外对中国农村和农民问题的研究已经取得了一定的进展。其中影响较大的有：旅美华人杨庆堃根据自己 50 年代初在广州郊区鹭江村的调查写成的《共产主义过渡初期的一个中国农村》；威廉 · 韩丁根据他对人民公社时期陕西长弓村的再度调查，出版了《翻身：一个中国农村的继续革命》；美国汉学家陈佩华等人的《陈村：毛泽东时代一个中国农民社区的现代史》；麦得森(Madsen)撰写了《一个中国村落的道德和权力》等。这些研究，基本上停留在对中国社会生活现象的描述和对乡村社会特质的初步认识上，但主要是从他者的眼光来看待中国乡村社会生活。

20 世纪 80 年代以来，由于改革开放进程的加快，有许多国外著名学者开始进入中国进行田野调查，他们以局外观察者的身份出现在中国的田野，并形成了一批有一定影响的作品。学者的研究成果有：萧凤霞(Siu, Helen)的《华南的

①苗月霞：《中国乡村治理模式变迁的社会资本分析——人民公社与“乡政村治”体制的比较研究》，黑龙江人民出版社 2008 年版。

代理人与受害者》,杜赞奇(Prasenjit, Duara)利用满铁“惯行调查”资料所写的《文化、权力与国家:1900—1942 年的华北农村》,张仲礼的《中国士绅及其在十九世纪中国社会中的作用》,墨宁(Melanie, Manion)的《中国农村的选举联系》,柯丹青(Kelliher, Daniel)的《中国国内关于村民自治的争论》,郑永年的《地方民主、国家建设与中国民主发展模式》,李连江(Li, Lianjiang)的《从政府主导的村民自治迈向民主选举中国大陆村级组织建设研讨会综述》,牛铭实的《村民自治:中国民主化的基石》,戴慕珍(Oi, Jean)的《选举与权力:中国村庄的决策主导者》,史天健(Shi, Tianjian)的《中国大陆的文化价值观念与民主》,欧博文(O'Brien, Kevin)的《村民、选举及公民权》,弗里曼、毕克伟、塞尔登的《中国乡村,社会主义国家》等。

以上学者对于乡村治理模式,大体上有这样几种有代表性的观点:县政·乡派·村治(徐勇等)、乡派镇治(徐勇)、乡派镇政(徐增阳等)、乡镇自治(郑法、綦彦臣、于建嵘等)、乡镇行政自治(曾业松)、乡治·村政·社有(沈延生)等。在这些模式研究中,有的是在肯定村民自治的基础上提出的,有的是在对村民自治进行批判性思考的前提下的新鲜思路。有的学者提出了更加深刻的问题,例如乡村治理的社会基础、乡村社会的性质、乡村的经济基础等。本文正是基于上述治理模式的研究,对村级治理中出现的问题从社会资本的角度进行进一步的思考。

(张国芳)

第二章　社会资本的理论谱系

关于社会资本的定义，在第一章中已有阐述，不再赘述。社会资本的类型可以有不同的分析角度，尽管没有看到哪个理论家专门撰文来探讨社会资本的类型，但在他们的论述中或多或少都会涉及这个问题。依据社会资本理论家的分析，我们可以把社会资本划分为以下几种主要类型：

一、社会资本的类型

1. 传统血缘依附型社会资本和现代公民型社会资本①

从社会变迁的替代过程角度，社会资本可分为血缘依附型社会资本和公民型社会资本。这种划分类似于水平与垂直型社会资本的划分。

传统型社会资本以传统农耕经济为基础，社会关系具有封闭性，具有血缘性、依赖性、等级性，倾向于纵向型关系，呈闭合状态，以情感导向为基础。公民型社会资本以现代工业经济为基础，由于商品经济和市场的发达，社会资本以业缘关系为主导，倾向于横向联系，呈开放状态。

---

①卜长莉：《社会资本与社会和谐》，社会科学文献出版社 2005 年版，第 243 页。

2. 个人社会资本与团体社会资本

社会资本是个体或集体有意识行动的结果，可以由个人和集体投资占有，个人或集体为了从中获益，必须通过社会交换对此投资和维护。

个人社会资本是指个人拥有的被用来实现个人目标的社会资源，包括个人所拥有的人际交往的广度、深度和成员资格，它意味着个人的社会关系网越广，个人所具有的社会身份越多，他的社会资本存量越大。

所谓团体社会资本是指一个组织或团体，甚至一个社会、地区和国家所具有的整合资源的能力，包括组织网络、关系和文化等内容，表明了一个组织或团体的凝聚力，组织的横向和纵向结构越密集，成员之间的组织关系、信任关系越密切，组织共享的文化价值观念越是一致，它所提供的集体资源就越大。

3. 政府社会资本与民间社会资本

政府社会资本是指影响人们互利合作能力的政府制度，包括契约的实施、法治和政府允许的公民自由范围。民间社会资本包括共同价值、规范、非正式沟通网络及社团性成员资格。①

一般认为，政府制度与非正式制度不同，被认为是正式制度，因此政府社会资本也可以看作是正式的社会资本，而民间社会资本就可以被视为非正式的社会资本。这两种类型的社会资本都通过克服集体行动困境而有助于解决社会秩序问题。政府制度提供了公共规则以约束人们的行为；社会规范和普遍信任类似于带有法律强制性的财产权和契约权，它们减少了不确定性和交易成本，促进了交易效率，鼓励了专业化及激励理念、人力资本和实物资本方面的投资。

4. 结构型社会资本和认知型社会资本

在当前比较流行的使用中，社会资本从两个角度来加以界定：(1)从网络角度看，它被理解为一种社会结构；(2)从规范和社会信任角度看，它被理解为一

---

①斯蒂芬·克拉克：《增长与贫困》，载曹荣湘选编：《走出囚徒困境：社会资本与制度分析》(视点丛刊)，上海三联书店 2003 年版，第 272 页。

种社会文化。它们分别被称为社会资本的“结构方面”和文化方面。① 社会资本的结构方面一般体现在自愿组成的协会的关系之中；社会资本的文化方面则主要体现在社会规范和价值之中，特别体现为社会信用。

厄普霍夫(Noman Uphoff)教授区分结构性社会资本与认知性社会资本所依据的是社会资本的不同来源和表现、动力因素和一般功能。在文献研究的基础上，他指出“社会资本通常被理解为作用或规则上的(结构性的)源泉与精神或态度上的(认知性的)源泉之间的某种组合”②。结构性社会资本是外在的和可观察的，而认知性社会资本是内在的和不易观察的。

表 2-1　结构型社会资本与认知型社会资本的比较

比较分析框架	结构型	认知型
来源及表现	网络及其他人际关系	规范、价值、态度、信仰
存在方式	社会组织	公民文化
动力因素	水平和垂直联系	信任与合作
主要功能	实现合作效果	产生互利期望

5. 制度性社会资本与关系性社会资本

美国杜克大学的安妮鲁德·克里希娜(Anirudh Krishna) 在《创造与利用社会资本》的论文中提出社会资本的两种类型：制度资本与关系资本。根据她的解释，制度资本与促进互利集体行动开展的结构要素有关，如作用、规则、程序和组织；关系资本涉及在与他人合作中影响个人行动的价值观、态度、准则和信念。③ 她通过下面的表格比较了两类不同社会资本的特点。

①Blakeley, Georgina, *Social Capital*, *ContemPorary Political Concepts*, *a Critical Introduction*, London, Stering, Virginia: Pluto Press, 2002, p. 200.

②厄普霍夫认为，科尔曼和帕特南所给出的社会资本的定义分别体现了社会资本的两个不同方面，科尔曼侧重于社会结构，强调网络关系是社会资本的源泉；帕特南侧重于社会认知，强调共同的信仰、价值和信任是社会资本的来源。参阅厄普霍夫：《理解社会资本：学习参与分析及参与经验》，载帕萨·达斯古普特等编：《社会资本：一个多角度的观点》，张慧东等译，中国人民大学出版社 2005 年版，第 280 页。

③安妮鲁德·克里希娜：《创造与利用社会资本》，载帕萨·达斯古普特等编：《社会资本：一个多角度的观点》，张慧东等译，中国人民大学出版社 2005 年版，第 91—121 页。

表 2-2　制度性社会资本与关系性社会资本

	制度资本	关系资本
集体行动的基础	交易	关系
动机来源	任务 规则和步骤 制裁	信念 价值 意识形态
动机性质	最佳行为	合适行为
例子	各类市场、法律框架	家庭、伦理、宗教

从理论上讲，这两种类型的社会资本可以有四种不同的组合方式，即强制度资本—强关系资本；强制度资本—弱关系资本；弱制度资本—强关系资本；弱制度资本—弱关系资本。组合不同，效果也不同。不同的组合反映了一个社会或组织社会资本的拥有量。

6. “网状”社会资本与“柱状”社会资本

网状(web－like)社会资本与柱状(maypole－like)社会资本分别又被称为“水平”结构的社会资本与“垂直”结构的社会资本。① 这种分类依据的是社会或组织结构的特点——呈现横向结构特点(开放的)，或者纵向结构特点(封闭的)。前者体现为对称的横向联系，后者体现为等级制的纵向关系。

对社会资本如此分类起始于帕特南对意大利的研究。在《使民主运转起来》一书中，帕特南指出：“任何社会，现代的或传统的，专制的或民主的，封建的或资本主义的，都是由一系列人际沟通和交换网络构成的，这些网络既有正式的，也有非正式的。其中一些以横向为主，把具有相同地位和权力的行为者联系在一起。还有一些则以垂直为主，将不平等的行为者结合到不对称的等级和依附关系之中……不管怎么说，横向和垂直联系的基本区别，网状与柱状网络的根本不同，是相当清楚的。”②

①亚森特·佛丹纳：《集体行为的比较分析框架》，曹荣湘：《走出囚徒困境：社会资本与制度分析》(视点丛刊)，上海三联书店 2003 年版，第 216 页。

②罗伯特·帕特南：《使民主运转起来》，王列等译，江西人民出版社 2001 年版，第 203 页。

7.“深度”信任的迪尔凯姆模型和“浅度”信任与市民道德的托克维尔模型

与上述相类似的模式，肯尼思·纽顿把它划分为“深度”信任的迪尔凯姆模型，“浅度”信任与市民道德的托克维尔模型。① 针对社会资本研究的一个经验性任务就是去发现政府的政策和结构与不同政治体制下社会资本的形成之间的联系。

二、社会资本的属性

社会资本是基于共享知识、理解、规范、规则和期望所形成的人与人之间的互动模式，凭借这种模式，个人组成的群体完成经常性的互动和共享资源的活动。埃莉诺·奥斯特罗姆在比较分析的基础上，对社会资本所具有的特性做出了四点概括：(1)社会资本不会因为使用但会因为不使用而枯竭；(2)社会资本难以观察和度量；(3)社会资本不容易通过外部干预而形成；(4)全国和区域性政府机构强烈影响着个人追求长期发展目标所需要的社会资本类型和范围。②

1. 外部性

社会资本具有外部性或“外部效应”，由于社会资本属于“准公共物品”，作为组织资源的内容具有公共性，因而具有非排他性，所以，这部分社会资本便也具有了“外部性”，按照经济学的解释，“当一个人的消费或企业的生产活动对另一个人的效用或对另一家企业的生产函数产生一种原非本意的影响时，就会出现外部性”③。

①肯尼思·纽顿：《社会资本与现代欧洲民主》，载李惠斌、杨雪冬主编，《社会资本与社会发展》，社会科学文献出版社 2000 年版，第 379 页。

②埃莉诺·奥斯特罗姆：《社会资本：流行的狂热抑或基本概念》，载曹荣湘选编：《走出囚徒困境：社会资本与制度分析》(视点丛刊)，上海三联书店 2003 年版，第 31 页。

③丹尼斯·缪勒：《公共选择理论》，杨春学等译，中国社会科学出版社 1999 年版，第 33 页。

社会资本的外部负效应(消极的外部性)往往与封闭型、隔阂型的组织与社会相联系,它限制了成员的"信任范围"。严格地说,任何拥有社会资本的群体都存在某种信任范围,在这种范围内,合作规范才会得到有效应用。

2. 自我强化性

埃莉诺·奥斯特罗姆将这种特性非常经典地表述为:"社会资本不会因为使用但是会因为不使用而枯竭",布迪厄也明确指出,团体成员的身份带来的收益是团结的基础,而团结又使收益成为可能。他们的观点都在表明社会资本具有自我强化的特性,社会资本作为一种由人际交往带来的聚合和整合效应而形成的组织资源,具有自我强化的功能:越是经常使用,它的供给越是丰富;利用得越多,其价值就越大。①

3. 非均衡性

非均衡性亦即差异性,本文将在后面详细阐述村庄治理中社会资本的差异性导致的多重化治理模式。在以往有关社会资本的研究中,社会资本的一个重要特征——社会资本分布的非均衡性常常被学者们忽视。社会资本的界定仅仅是一种静态的、抽象意义上的探讨,在现实社会中它是以一种动态的、复杂的形式嵌入在人的行动或社会结构之中,有许多已知或未知的特征。所谓社会资本的非均衡性,主要指的是社会资本在不同的时空位置上的存量不同,使得处于不同社会位置的人的社会资本拥有量先天有着差异性,从而使其社会行动所受到的制约不同。那些长期居于资源中心的人相对于居于边缘的人来说拥有较多的优势,甚至拥有一定的支配权。

三、社会资本的要素构成

社会资本的构成要素有哪些?帕特南把社会资本理解为社会组织的特征,

①弗兰·汤克斯:《信任、网络与经济》,载曹荣湘选编:《走出囚徒困境:社会资本与制度分析》(视点丛刊),上海三联书店 2003 年版,第 239—240 页。

“信任、规范和网络”被他看作社会资本的要素①。埃莉诺·奥斯特罗姆把社会资本看作是个人组成群体的互动模式，把一个群体和组织成员所“共享的知识、理解、规范、规则和期望”看作是社会资本的核心要素②。福山把社会资本等同于一个社会所具有的“非正式规范”③，而把社会成员的普遍信任看成是社会资本的主要来源。④ 然而，正如汤姆·舒勒(Schuller, Tom)和史蒂芬·巴仑(Baron, Stephen)等人所指出的，“纵观不同的社会资本文献，信任和网络、规范或者义务被经常提到；可以说，这几个词是社会资本的关键词”⑤。

1.科尔曼的观点

对社会资本较系统论述最早来自科尔曼，他对社会资本形式的讨论引起了人们广泛的学术兴趣，他比较了物质资本、人力资本与社会资本的不同，进一步分析了社会资本的形式，认为以下的社会关系可以构成对个人有用的社会资本⑥。

(1)义务与期望。当张某为李某做了一些事情，并确信李某会为此而对自己承担起某种特定义务时，张某就拥有了某种意义上的社会资本。社会的普遍信任度以及个人承担义务的范围影响着这种形式的社会资本。普遍信任度越高，人们履行义务的可能性越大，义务与期望形式的社会资本存量就越多。义务与期望形成良性循环的基础在于社会的普遍信任程度。

(2)信息网络。所有的行动都是建立在有效信息的获取基础上的，但获得

---

①罗伯特·D.帕特南：《使民主运转起来》，王列等译，江西人民出版社2001年版，第208页。

②埃莉诺·奥斯特罗姆：《社会资本：流行的狂热抑或基本概念》，载曹荣湘选编：《走出囚徒困境：社会资本与制度分析》(视点丛刊)，上海三联书店2003年版，第27页。

③弗朗西斯·福山：《公民社会与发展》，载曹荣湘选编：《走出囚徒困境：社会资本与制度分析》(视点丛刊)，上海三联书店2003年版，第72页。

④弗朗西斯·福山：《信任——社会美德与创造经济繁荣》，彭志华译，海南出版社2001年版，第30页。

⑤Schuller, Tom, Stephen Baron and John Field, “*Social Capital: a Riview and Critique*.” in Stephenaron, John Field, Schuller Tom, eds. *Social Capital: Critical Perspectives*, New York: Oxford University press, 2000.

⑥詹姆斯·科尔曼：《社会理论的基础》(上)，邓方译，社会科学文献出版社1999年版，第357—367页。

信息需要付出成本,利用已经存在的社会关系与社会交往是获取信息的重要手段,所以存在于社会关系内部的信息网络是社会资本的主要形式。

(3)规范和有效惩罚。有效规范通过奖惩机制的实施,不仅为某些行动提供便利(如安全方面的便利),也限制了其他行动(如自利行为和犯罪活动),约束了人们的行为,从而使某些行动目标更容易实现。因此,规范和有效惩罚构成了有利于行动的社会资本。这种社会资本对于组织整体目标的实现,集体生活秩序的维护,以及社会运动的成熟与发展,即团体社会资本提供了有利条件。

(4)权威关系。权威关系是个人拥有的影响他人行动的权力。当某个人有权控制另一个人的某些行为时,他就与后者形成了权威关系。这种以控制权力为特征的权威关系就是一种社会资本,它为解决共同性问题提供帮助。

(5)多功能社会组织。自愿建立的社会组织(非政府组织)有助于组织成员实现其社会目标。组织的成立可以提高集体行动的一致性,因此,参与组织是一种社会资本形式,积极成为组织成员是积累个人社会资本的重要途径。

在现代复杂的社会里,社会信任能从两个互相联系的方面产生:互惠规范和参与网络。

2. 帕特南的观点

无论是现代或传统社会,专制或民主社会,封建或资本主义社会,都是由一系列人际交往和互相交换的网络构成的,既有正式的,也有非正式的网络。其中一些有横向的,把相同地位和权力的人联系在一起;还有一些则是纵向的,将不平等的行为者结合到不对称的等级和依附关系之中……横向和垂直联系的基本区别,网状与柱状网络的根本不同,是相当清楚的。

社会资本的存量,如信任、规范和网络,往往具有自我增强性和可积累性。良性循环会产生社会均衡,形成高水准的合作、信任、互惠、公民参与和集体福利。它们成为公民共同体的本质特征。

后来的研究者立足于确立社会资本的分析层面,希望依据不同的分析层面来说明社会资本的构成。这起始于林南的研究,他划分了社会资本的两个分析层面。

(1)个人分析层面——个人的社会资本,表现为可以为个人用来实现其目标(如找到一份更好的工作)、存在于(嵌入于)社会网络中的可以利用的资源。

(2)团体分析层面——团体的社会资本,表现为一个团体所具有的维持团体存在并增强其成员生活机会的集体资产,用来说明社区、邻里、城市、地区和国家所具有的软性资源。① 沿着林南的分析理路,人们进一步解析社会资本的结构,将它分解为三个不同层面,在这三个不同层面上,社会资本为不同的行为主体所拥有,其表现形式也会略有差别。这三个层面是:个人和家庭层面,邻里或社区层面,国家层面②。尽管人们对社会资本的分析层面不同,其定义表述也不完全一样,但是,对于社会资本的核心要素的理解大体一致,即大多把网络联系、信任与合作关系、社会规范和规则等看作社会资本的核心要素。

(张国芳)

①Lin, Nan, "Building a Network Theory of Social Capital ", *Connections*,1999, 22(1), p8.

②Krishna, Anirudh, *Active Social Capital*, *Tracing the Roots of Development and Democracy*, New York: Columbia University Press,2002, pp. 57—62.

第三章　乡村社区社会资本与农村公共服务

摘　要：本章研究使用 2015 年中国综合社会调查(CGSS)数据，在利用因子分析测度农村公共服务满意度的基础之上，研究认知型社会资本与农村公共服务供给满意度的关系，研究结果表明，认知型社会资本、性别、学历、家庭人口数、年龄、宗教偏好、阶层属性等因素对农村公共服务满意度具有显著的影响。文章的主要目的是分析社会资本对农村公共服务供给满意度的影响，并在两方面补充了学界关于社会资本与农村公共服务供给满意度关系的阐释：一是回归模型检验发现认知型社会资本对农村公共服务满意度的评价有显著正相关的影响，而结构(关系)型社会资本则影响较小，从而修正了学界笼统的关于社会资本与农村公共服务满意度评价之间的关系描述；二是解释了为什么结构(关系)型社会资本会对农村公共服务满意度评价影响较小，其原因在于关系型社会资本中联结型(异质性)社会资本过低消解了纽带型(同质性)社会资本在农村公共服务中的作用。

关键词：农村公共服务供给；满意度评价；认知型社会资本；结构型社会资本

一、乡村社区社会资本的类型与表现形式

所谓乡村社会资本是指嵌入于乡村社会关系之中，可以动用的社会资源（如熟悉、信任、乡规民约、权威、国家的各种政策和制度等）的总和，有了它乡村社会成员的行动更加便利，熟人社会的治理成本大大降低。农村居民的社会支持（经济支持与精神支持）和社会互助主要以家庭成员以及由家庭关系延伸而成的族亲、姻亲为主。家庭关系仍是农村社区最为主要的社会关系，是最主要的社会支持网络。

村庄的同质性关系社会资本表现为镶嵌在以"血缘关系""宗法制度"等原则编织而成的各种社会关系网络中的社会资本，如礼俗人情、宗法关系等，具有先赋性、继承性等特征。主要表现为：(1)个人或家庭社会资本，由于社会资本的代际相传，因此家庭社会资本也是一个不可忽视的类型。个人的一些联系网络，它主要体现为个体之间因地缘、业缘、趣缘等而形成的同样的经历，如同学、同乡、同事等，进而形成的个人之间的非正式网络关系。这种非正式的人际网络关系，无论在中国还是在外国，也无论在中国的农村还是在中国的城市，都是无处不在的。(2)家族、宗族关系网络，它主要体现为因血缘、姻缘或者说亲缘等关系构成的社会网络。由于农村社会结构仍然主要体现为"差序格局"，因此家族、宗族依然在农村人的生活中占据最重要的地位。家族、宗族网络的含义也较传统乡土社会有了新的内涵。在调查中，我们观察到，家族、宗族网络已不像传统社会那样，家族、宗族组织有着明显的组织界限，当代农村中家族、宗族至多是以非严格意义上的网络形式在影响着农村人的生活，家族、宗族虽然失去了传统社会的严格的组织形式，但它仍然将农村人"笼罩"在自己形成的网络中生活。

村庄异质性关系的社会资本表现为以下组织型的社会资本：(1)功能性、娱乐性组织网络，它主要体现为村民为达到某些特殊利益而自发设立的一些功能性组织所形成的网络，如农会、商会、农村互助会、乐施会、老年协会等，能有效地培养村民的公共精神。这些组织网络大多是改革开放以后，伴随着农村经济

体制和政治体制改革的推行而产生。(2)象征性活动网络,主要指因习俗、惯例、宗教信仰等原因而形成的网络。在我国一些农村地区,信奉着各种不同宗教。而且在有一些农村地区,宗教在人们的日常生活中占有重要的地位,在农村治理和管理中扮演着举足轻重的作用。例如,庙会、佛教组织、天主教组织等。即使在那些宗教活动退出农村村级治理舞台的地方,它对农村人的日常生活也产生一些重要的影响。

村庄的链合性关系社会资本。链合性社会资本的关键作用是在各种正式机构和制度中的各种资源、信息、观念中起杠杆作用。虽然同质性社会资本和异质性社会资本是一种水平的联系,但贫困却是一种垂直的维度。贫困从某种程度上来说显示了权力的无力感和社会排斥:与政治精英缺乏联系,掌权的人影响正式的机构和制度,靠政策来影响和提高穷人的生活水平。链合性社会资本指的是占据权力结构中的具体能力,因此链合性社会资本和民主治理有着明晰的关联,它引入了权力、政治的问题,尤其是社区与代表之间的关系质量。①

社区成员间链合性社会资本的联系以及市场和国家都对社区有直接或间接的影响。社区成员和这些机构之间的互动包括了权力的妥协,而链合性社会资本对获取这些资源的影响也是显而易见的。链合性社会资本既表现为村庄与村庄之间的网络联系,也表现为国家正式的制度、政策和组织在村庄内的融合,获得本土资源的支撑。

费孝通先生说:"中国的乡土社会中本来包含着赖以维持其健全性的习惯、制度、道德、人才,曾在过去百年中,不断地受到损蚀和冲洗,结果剩下了贫穷、疾病、压迫和痛苦。"随着现代性的强势入侵,乡村社会也出现了严重的利益分化,在农民之间形成了多元化的利益需求。民间权威、家族网络、熟人社会的共同体意识太薄弱,传统的组织文化资源不是太多,而是太少,在市场经济的冲击下,人们越来越理性化、功利化。正如杜赞奇所言:"因为'现代化'过程中的国家政权完全忽视了文化网络中的各种资源,而企图在文化网络之外建立新的政治体系。在'现代化'意识形态偏见影响下,国家政权力图斩断其传统的甚至被认为是'落后的'文化网络的联系。其结果必然是,尽管乡村精英领导有与国家

---

①Szreter, S. "The State of Social Capital: Bringing Back in Power, Politics and History," *Theory and Society*, 2002, 31(5), pp. 573—621.

利益结为一体的雄心,但文化网络在国家范围内赋予乡村精英领导作用的能力却在消失。”①

在目前农村由传统向现代转型过程中,传统遭到摧毁,而国家正式制度和正式组织又是强势介入的,如果缺乏本土资源的有力支撑,即吉尔兹所说的地方性知识,则会削弱乡村建设政策、资金输入的效能。以传统和现代对乡村社区社会资本的划分并不能客观反映目前乡村社会资本的状况。

二、农村公共服务供给现状

改革开放以来,中共中央、国务院自 1982 年到 1986 年连续 5 年,2004 年到 2018 年连续 15 年,发布以“三农”为主题的中央一号文件,说明了农业、农村、农民(三农)工作的重要性,它们是关系到国计民生的根本问题。2018 年发布的中央一号文件认为当前在农村公共服务领域存在着一些问题,例如“农村基础设施和民生领域欠账较多,农村环境和生态问题比较突出,乡村发展整体水平亟待提升;国家支农体系相对薄弱,乡村治理体系和治理能力亟待强化。”②从国家层面来看对农村公共服务的供给,还有一些需要从制度、政策等急需加强的层面,从农村内部尤其是社会资本视角来看农村公共服务供给评价,对我们提高农村公共服务的有效性方面有哪些启示?

所谓农村公共服务,是指由政府及其他机构举办的,为农业生产、农村社会发展和农民日常生活提供的各种服务的统称。供给主体包括政府、集体、民间组织、企业和个人等多种类型,按国际通用类型,分为政府和非政府两大类。③既然农村公共服务是为了满足农民的生产和生活需要,农村公共服务的供给只有很好地满足农民对公共服务的需求,才是有效的供给。“在现实的农村公共品供给过程中,政府长期承担着农村公共品供给的主要职能,采取自上而下的供给决策模式,一些地方政府官员基于‘政绩’和‘形象’考虑,热衷于农村公共

①杜赞奇:《权力、国家与文化网络》,江苏人民出版社 1994 年版,第 53 页。

②2018 年中央一号文件:《中共中央、国务院关于实施乡村振兴战略的意见》。

③徐小青主编:《中国农村公共服务》,中国发展出版社 2002 年版,第 6 页。

品供给与生产中的'面子工程'，有时甚至不惜采取强制性集资手段供给公共品，损害了政府农村公共品供给的实际绩效。"①"农村公共产品的消费者、需求的主体——农民一直处于被动的接受地位，造成了农民的需求和政府的供给不对等，导致资源浪费。"②农村公共品供给不足具体表现在供给效率低下、供给结构不合理、供给成本过高。③ 因此，研究农村公共服务需求的主体——农民对农村公共服务的满意度及其影响因素，对改造传统农业、改进农村公共服务供给体制机制、合理配置农村公共服务资源、振兴乡村、加快城乡融合、增强农村社会稳定和社会认同感具有重要现实意义。

从已有文献研究来看，影响农民对农村公共服务满意度的主要因素有：制度因素（包括正式制度和非正式制度）；与农民切身利益相关的公共物品的供需缺口及可及性：包括道路、水利、医疗、农户有效灌溉面积率、农林技术站服务次数④；农民公共服务需求表达机制⑤；个人因素（农民的年龄、受教育水平、收入水平、居住的区域、社会资本）⑥。

关于社会资本对农民公共服务供给满意度的影响，主要有廖媛红从非正式制度探讨了对农村公共服务满意度的影响，她认为：社交网络丰富的农户相互之间信任程度高，农户更愿意自愿提供公共服务，因此该地区的公共服务数量和质量会提升，农民满意度会提升；社会资本拥有量高的农户，在使用公共设施过程中会得到更多人际关系网络中成员的帮助，有利于增强使用效果，满意度

①李燕凌、曾福生：《农村公共品农民满意度及其影响因素分析》，《数量经济技术经济研究》2008年第8期。

②朱玉春等：《农民对农村公共品供给满意度实证分析——基于陕西省32个乡镇的调查数据》，《农业经济问题》2010年第1期。

③廖媛红：《制度因素与农村公共品的满意度研究》，《经济社会体制比较》2013年第6期。

④唐娟莉等：《农村公共服务满意度及其影响因素分析——基于陕西省32个乡镇67个自然村的调研数据》，《当代经济科学》2010年第1期；李燕凌、曾福生：《农村公共品农民满意度及其影响因素分析》，《数量经济技术经济研究》2008年第8期。

⑤罗兴佐、房红磊：《农村公共物品供给效率的影响因素分析——基于重庆市12个村庄道路和水利设施的调查》，《重庆邮电大学学报（社会科学版）》2013年第5期。

⑥傅利平、贾才毛加：《公共服务满意度、社会资本与居民主观幸福感关系研究——基于中国综合社会调查（CGSS）2013的实证分析》，《天津大学学报》；李燕凌、曾福生：《农村公共品农民满意度及其影响因素分析》，《数量经济技术经济研究》2008年第8期。

自然会提高①。徐兴兴从民主参与、社会资本的角度分析了对农村公共服务的满意度的影响②。李冰冰、王曙光认为社会资本中的“公共意识”“政治意识”“社团互助”“社区认同”“社区信任”等因子对于农户在乡村公共品提供中的参与程度具有积极作用③。李超、孟庆国、郗希从社会资本在增加公共物品的供给、影响公共物品的分配、提高公共物品的有效性、本身的属性四个方面来探讨社会资本对农村公共物品供给满意度的影响④。以上关于农村公共服务供给满意度的研究文献,为我们进一步详细、深入研究社会资本对农村公共服务满意度评价提供了基础和广阔的视野。

本章试图在社会资本类型分析框架上做一个更详细分类,以期望对社会资本与公共服务供给满意度评价关系上有更准确的认识。

三、社会资本与农村公共服务评价的实证分析

1. 数据来源

本章所用数据来源于中国人民大学科学研究基金资助的《中国综合社会调查(CGSS)》项目于 2015 年展开的调查。2015 年 CGSS 项目调查覆盖全国 28 个省/市/自治区的 478 村居,经统计,共完成有效问卷 10968 份,据此获得全部被调查者的相关个人信息。鉴于本章所研究对象为农村居民,因此选取了受访者居住地区类型为农村且同时满足户籍类型为农村户籍的样本作为研究对象,剔除部分因数据缺失而失效的问卷之后,最终获得的农村居民样本量个数为 1001 个。

①廖媛红:《制度因素与农村公共品的满意度研究》,《经济社会体制比较》2013 年第 6 期。

②徐兴兴:《民主参与、社会资本与农村公共服务满意度——基于全国 10 省 95 县(市、区)数据的实证分析》,《四川行政学院学报》2017 年第 2 期。

③李冰冰、王曙光:《社会资本、乡村公共品供给与乡村治理——基于 10 省 17 村农户调查》,《经济科学》2013 年第 3 期。

④李超、孟庆国、郗希:《社会资本与农村公共物品供给评价》,《公共管理评论》2016 年第 2 期。

2. 变量设定

(1)乡村公共服务变量。

本章乡村治理变量主要通过村民对于政府所提供的各类服务满意度进行衡量,CGSS2015 问卷从公共教育、住房保障等方面就公民对政府所提供的公共服务满意度展开评价。本章结合我国农村地区现状,从公共教育服务、医疗卫生公共服务、社会治理、低保、灾害等救助公共服务、公共文化与体育及城乡基础设施等六个方面衡量乡村公共服务水平(以 0—100 分进行赋值,分值越高代表满意程度越高),各项指标情况如表 3-1 所示。

表 3-1　乡村公共服务描述统计

一级指标	二级指标	观察值	均值	标准差
乡村公共服务	公共教育服务总体满意度	1001	74.12	17.95
	医疗卫生公共服务总体满意度	1001	72.33	17.29
	社会治理公共服务总体满意度	1001	70.76	18.01
	低保、灾害等救助社会保障服务总体满意度	1001	70.96	19.74
	公共文化与体育总体满意度	1001	69.18	19.30
	城乡基础设施总体满意度	1001	69.06	19.54

根据表 3-1 可以发现,农村居民对于各二级指标的满意度存在一定差异。例如在公共教育服务满意度方面,满意度水平较高,均值达到 74.12,但是对公共文化与体育以及基础设施方面的满意度相对较低,均值均低于 70 分。为了将乡村治理变量减少为一个便于分析的变量,本章利用主成分分析的方法对这些乡村公共服务变量进行降维处理,主成分分析的基本模型为:

$$X_i = \mu + a_{i1}F_1 + a_{i2}F_2 + \cdots + a_{im}F_m + \varepsilon_i (i = 1,2,\cdots,p)$$

式中,X_i 为随机变量,F_i 为公共因子,$a_{ij}(j = 1,2,\cdots,m)$ 为变量 X_i 在公共因子 F_i 上的载荷,ε_i 为特殊因子,类似于回归模型中的残差项,代表无法由公共因子所包含的部分。

为了确定各二级指标是否适合进行主成分分析,首先需要进行 KMO 检验和 Bartlett 球形检验,检验结果显示 KMO 检验值为 0.863,Bartlett 球形检验 p

值为 0.000,说明变量之间存在相关性,可以进行主成分分析。利用方差最大正交旋转法得到因子旋转载荷矩阵如表 3-2 所示,根据各二级指标的特征值与方差贡献率,最终提取两个公共因子,方差累积贡献率达 73.44%。

表 3-2　农村公共服务因子旋转载荷矩阵

二级指标	F_1	F_2
公共教育服务总体满意度	0.388	0.453
医疗卫生公共服务总体满意度	0.389	0.600
社会治理公共服务总体满意度	0.434	0.051
低保、灾害等救助社会保障总体满意度	0.395	−0.129
公共文化与体育总体满意度	0.431	−0.400
城乡基础设施总体满意度	0.410	−0.506
特征值	3.688	0.719
方差贡献率(%)	61.460	11.980

(2)社会资本变量。

本文社会资本变量主要包括人际交往、人际信任和社会规范三个维度。其中,人际交往维度主要选取外出社交的频率(例如参加文化活动频繁程度、与不住在一起的亲戚聚会频繁程度等)作为衡量指标,人际信任维度主要选取对他人的信任度(例如对近邻的信任度、对同村同姓人士的信任度等)进行衡量(见表 3-3),社会规范维度则从宗教信仰(参与宗教活动的频率)和传统文化(认为社会道德重建过程中儒家思想的重要性)两个维度进行评判。人际交往和人际信任各二级指标利用 1—5 进行打分赋值,赋值分数越大说明认可程度越高,同样参照前文方法利用主成分分析方法对人际交往和人际信任两个维度的指标进行降维处理,得到每个样本各一级指标得分作为社会资本变量的维度分值。而由于社会规范维度两个指标的衡量方式存在一定差异,因此在下文建模过程中直接将两个变量引入模型之中。

表 3-3　社会资本变量描述统计

一级指标	二级指标	观察值	均值	标准差	最小值	最大值
社会交往	在空闲时间进行社交的频率	1001	2.97	1.03	1	5
	因度假或探访亲友而在外过夜	1001	1.57	0.95	1	5
	参加文化活动频繁程度	1001	4.65	0.72	1	5
	与不住在一起亲戚聚会频繁程度	1001	3.90	0.76	1	5
	与朋友聚会频繁程度	1001	3.76	1.02	1	5
	参加体育活动频繁程度	1001	3.95	1.34	1	5
	和邻居熟悉程度	1001	4.24	0.93	1	5
社会信任	这个社会上大多数人可以信任	1001	3.54	0.95	1	5
	对近邻的信任度	1001	4.03	0.81	1	5
	对邻居以外同村居民的信任度	1001	3.61	0.91	1	5
	对同村同姓人士的信任度	1001	3.78	0.86	1	5
	对同村异姓人士的信任度	1001	3.52	0.91	1	5
	对亲戚的信任度	1001	4.28	0.78	1	5
	对普通朋友的信任度	1001	2.93	0.93	1	5
	对参加宗教活动人士的信任度	1001	3.04	0.97	1	5
社会规范	参加宗教活动频繁程度	1001	1.83	1.81	1	9
	儒家在道德重建中的重要性	1001	3.04	0.56	1	4

(3)控制变量。

本文同时加入以下控制变量:农村居民个人特征包括性别、年龄、政治面貌、民族、个人收入、所处阶层、受教育水平、宗教偏好;农户家庭控制变量包括家庭经济状况相对地位、家庭收入水平、家庭人口数。控制变量的描述统计见表 3-4。通过观察样本分布可以发现,被调查对象平均年龄为 51.49 岁,约有 50.5%的受访者为男性,4.8%为中共党员,多数样本受教育水平在小学及以下,在婚姻状况方面,已婚群体占主要比重。

表 3-4 控制变量描述统计

变量	观测值	均值	标准差	最小值	最大值
个人收入	1001	7.220	3.842	0	13.82
阶层	1001	4.162	1.601	1	10
性别(0=女性,1=男性)	1001	0.505	0.500	0	1
年龄	1001	51.490	16.340	21	93
政治面貌(0=非党员,1=党员)	1001	0.048	0.214	0	1
民族	1001	0.904	0.295	0	1
受教育水平					
小学及以下(0=否,1=是)	1001	0.544	0.498	0	1
初中(0=否,1=是)	1001	0.314	0.464	0	1
高中/中专/技校(0=否,1=是)	1001	0.102	0.303	0	1
大专及以上(0=否,1=是)	1001	0.040	0.196	0	1
婚姻状况					
未婚(0=否,1=是)	1001	0.081	0.273	0	1
已婚(0=否,1=是)	1001	0.812	0.391	0	1
离婚(0=否,1=是)	1001	0.009	0.094	0	1
丧偶(0=否,1=是)	1001	0.098	0.297	0	1
宗教偏好					
佛教(0=否,1=是)	1001	0.423	0.494	0	1
道教(0=否,1=是)	1001	0.048	0.214	0	1
基督教(0=否,1=是)	1001	0.128	0.334	0	1
伊斯兰教(0=否,1=是)	1001	0.046	0.209	0	1
儒家思想(0=否,1=是)	1001	0.162	0.368	0	1
其他(0=否,1=是)	1001	0.194	0.395	0	1
家庭经济状况相对地位	1001	2.623	0.694	1	5
家庭收入水平	1001	9.368	2.717	0	16.12
家庭人口数	1001	3.932	1.901	1	15

3. 实证分析结果

本部分对影响农村公共服务满意度的因素进行 OLS 回归分析。回归的基本模型为：

$$Y_i = \beta_0 + \beta_1 C_i + \beta_2 T_i + \beta_3 I_i + \beta_4 H_i + \beta_5 P_i + \varepsilon_i (i = 1,2,\cdots)$$

其中，被解释变量 Y_i 代表农村公共服务满意度，由前面对农村公共服务的主成分因子分析得到的综合指标表示；解释变量 C_i、T_i 和 I_i 分别代表人际交往、人际信任和社会规范指标，H_i 代表家庭特征，P_i 则代表农村居民个人特征。

模型回归结果如表 3-5 所示，模型 1、模型 2、模型 3 分别将核心变量人际交往、人际信任和社会规范单独进入模型之中，模型 4 则将代表社会资本的三个指标同时纳入模型。根据表 3-5 回归结果，人际信任变量和社会规范变量对于农村公共服务满意度具有显著影响，人际交往对农村公共服务满意度不存在显著的影响。

人际交往变量在模型 1 和模型 4 中均未通过显著性检验，说明人际交往因素对农村公共服务满意度不存在显著影响。人际交往作为网络形成的前提条件，为何没能显著影响公共服务满意度？虽然学界潜在的观点是认为社会资本会影响乡村治理及公共服务，从结构（关系）型社会资本来说，纽带型（同质性）社会资本把熟悉的人紧密地联结在一起，增强了一致行动的可能性；这和国内学者庞娟、舒银燕认为的同质性较强的村庄公共服务供给的合作效果好的结论是较为一致的。[①] 国外学者 Bouma 将印度农村地区的实验研究和家庭调查结果结合起来，对印度 5 个村庄的研究揭示了社会资本、社区特征与当地准公共产品供给之间的相互联系，认为基于信任的同质性（基于种姓成员资格）较强的社会资本对准公共产品供给有着显著的正向影响。[②]

联结型（异质性）社会资本把不同社区的人联系在一起，增强了社区间的合作，但是其作用却是混合的，能够降低纽带型资本在公共池塘资源治理中的作

---

①庞娟、舒银燕：《农村公共品合作供给的因素分析》，《商业时代》2010 年第 27 期。

②Jetske Bouma, Erwin Bulte, Daan van Soest, "Trust and Cooperation: Social Capital and Community Resource Management", *Journal of Environmental Economics and Management*, 2008(56), pp. 155－166.

用①。目前国内的结构型社会资本的现状是纽带型高,表现为以血缘、亲缘关系为基础的丰富的族群网络;联结型(异质性)社会资本低,表现为跨村民小组的、跨村庄之间的联系和交往较少,并且矛盾冲突较多,在某种程度上来说是消解了纽带型社会资本在公共服务供给中的作用。例如在笔者家乡农村基础设施建设过程中,某组村民有直系亲属在镇、县政府中任要职,因此更多公共服务供给资源向该组倾斜,该组村民的满意度评价提高了,其他组村民因为没有享有同等资源满意度却降低了。

人际信任对农村公共服务满意度具有影响,以模型 4 为例,人际信任变量的参数估计结果通过 1%的显著性检验,说明作为社会资本核心组成部分的人际信任能够显著影响农村公共服务满意度。福山将信任描述为"在一个共同体内,成员对彼此定期有规律、诚实、合作关系行为的期待,其基础社会社团成员与其他成员普遍共享的规范。"②因为规范的约束作用,大家对合作行为抱有一种乐观的态度,认为能达成正向的合作行为。人际信任的功能在于在人际交往和交易中降低风险和不确定性,促进人际合作和提高协调效率;在公共政治领域内能够发展人们的公民行为,提升组织绩效。简而言之,由于信任,人们之间更容易组织起来,更容易达成一致的集体行动,因此,无论是在公共服务的自给自足,还是在公共服务分配时信息的交流与沟通等方面更具有效性,因此其满意度也越高。这和以往学者的判断是一致的,本文不再赘述。

社会规范对农村公共服务满意度具有一定影响,以模型 4 为例,具体表现为认为道德重塑过程中,儒家重要性越强的个体,其对公共服务满意度越高,但是在宗教参与频率方面,不同个体在公共服务满意度上不存在显著差异。这间接证明了价值认知在农村公共服务满意度评价方面的作用,儒家传统文化的"修身齐家治国平天下"、"内圣外王"的内省自律的"道德规范"、亲亲的"伦理秩序"与"人情关系",内蕴着丰富的传统认知型社会资本,对传统儒家文化持偏好态度的农户对农村公共服务供给满意度评价更为积极。

---

①Kathy Baylis, Yazhen Gong, and Shun Wang, "Bridging vs. Bonding Social Capital and the Management of Common Pool Resources", *Land Economics*, 2018(94).

②F. Fukuyama, *Trust: The Social Values and the Creation of Prosperity*, New York: Free Press, 1995.

在控制变量方面，阶层属性、性别、学历、家庭人口数、年龄、宗教偏好等因素对农村公共服务满意度具有显著的影响。具体表现为：

所处社会层级越高的农村居民，农村公共服务满意度越高，较容易获得农村公共物品与公共服务的供给。性别这一变量在四个模型中参数估计结果均为负数，且均通过5%的显著性检验，相对于女性而言，男性对于农村公共服务满意度更低，男性相对于女性来说，外出务工机会多，更见多识广。在学历方面，相对于小学而言，大专及以上学历群体对于农村公共服务满意度更低，为什么到了大专以上学历，对农村公共服务满意度的评价更低？这是因为学历越高对公共服务的要求越高，个人对公共服务的期望值高，即其满意度的阈值相对来说较高，而学历低的农户，相对来说满意度阈值低，所以二者相对比的话，学历高的农户相对来说满意度更低。

家庭人口数量越多的个体其满意度越低，关于家庭人口数量与满意度之间的关系，也有相反的观点。① 之所以会有这样的结果，原因一是家庭人口数量多，则评价的差异性增强，即有可能是有的家庭成员满意有的不满意；二是可能和笔者选定的样本是长期在农村生活有关，因为剔除了一部分流动性强的农村人口，即外出务工人员。家庭人口数量越多，没有外出务工挣钱而农村的收入有限则导致了家庭负担的沉重，从而影响了对农村公共服务供给满意度的评价，当然这种观点还需进一步论证。

年龄越大的群体对农村公共服务满意度越高，以模型4为例，参数估计结果为0.012，说明在其他条件保持不变的情况下，年龄每增加一岁能够引起满意度平均提高0.012个单位，年龄越大对农村公共服务供给的要求越低，因此满意度相对来说更高。

在宗教偏好方面，以儒家为参照组，其余宗教偏好类型参数估计结果均小于0，且通过5%的显著性检验，说明偏好儒家思想的群体对于农村公共服务满意度更高。有儒家思想偏好的农户在“人情”“伦理”“规范”等方面还维系着传统文化规范的一些特征，因而认知型社会资本程度更高，这和上文中社会规范显著影响农村公共服务满意度的结论是一致的。

---

①李超、孟庆国、郗希：《社会资本与农村公共物品供给评价》，《公共管理评论》2016年第2期。

表 3-5　公共服务供给满意度的影响因素

变量	模型 1	模型 2	模型 3	模型 4
人际交往	0.0267			0.0393
	(0.0454)			(0.0451)
人际信任		0.165***		0.183*
		(0.0321)		(0.108)
社会规范(传统文化)			0.184*	0.183*
			(0.109)	(0.108)
社会规范(参与宗教)			−0.0270	−0.0271
			(0.0390)	(0.0386)
个人收入	0.0130	0.00868	0.0124	0.00815
	(0.0179)	(0.0177)	(0.0179)	(0.0177)
阶层属性	0.151***	0.149***	0.152***	0.153***
	(0.0415)	(0.0409)	(0.0415)	(0.0411)
家庭经济状况相对水平	−0.0308	−0.0545	−0.0299	−0.0350
	(0.0993)	(0.0972)	(0.0986)	(0.0982)
家庭收入水平	0.00512	0.000579	0.00629	0.00236
	(0.0246)	(0.0243)	(0.0246)	(0.0243)
家庭人口数	−0.0664**	−0.0731**	−0.0681**	−0.0751**
	(0.0323)	(0.0319)	(0.0323)	(0.0319)
民族	−0.644**	−0.576**	−0.660**	−0.580**
	(0.271)	(0.268)	(0.273)	(0.270)
性别	−0.321**	−0.330**	−0.315**	−0.321**
	(0.136)	(0.134)	(0.136)	(0.134)
受教育水平 (小学及以下为参照组)				
初中	−0.182	−0.136	−0.208	−0.141
	(0.159)	(0.157)	(0.159)	(0.158)
高中/中专/技校	−0.0415	−0.0196	−0.0649	−0.00696
	(0.227)	(0.223)	(0.225)	(0.224)

续　表

变量	模型 1	模型 2	模型 3	模型 4
大专及以上	−0.795**	−0.732*	−0.850**	−0.742**
	(0.381)	(0.375)	(0.380)	(0.377)
政治面貌	0.383	0.367	0.334	0.327
	(0.290)	(0.286)	(0.291)	(0.287)
年龄	0.014***	0.012**	0.014***	0.012**
	(0.00502)	(0.00494)	(0.00502)	(0.00499)
婚姻状况（未婚为参照组）				
已婚	−0.274	−0.161	−0.278	−0.183
	(0.262)	(0.259)	(0.262)	(0.260)
离婚	−0.470	−0.395	−0.438	−0.388
	(0.677)	(0.668)	(0.677)	(0.668)
丧偶	−0.502	−0.356	−0.508	−0.390
	(0.347)	(0.342)	(0.347)	(0.344)
宗教偏好（儒家为参照组）				
佛教	−0.544***	−0.527***	−0.510***	−0.478***
	(0.176)	(0.174)	(0.177)	(0.175)
道教	−0.644**	−0.679**	−0.603*	−0.635**
	(0.311)	(0.307)	(0.312)	(0.308)
基督教	−0.627***	−0.660***	−0.528**	−0.573**
	(0.226)	(0.223)	(0.238)	(0.236)
伊斯兰教	−1.142***	−1.106***	−1.022**	−0.985**
	(0.403)	(0.397)	(0.417)	(0.411)
其他	−0.593***	−0.540***	−0.524**	−0.492**
	(0.204)	(0.201)	(0.206)	(0.204)
常数项	0.445	0.515	−0.0997	−0.0721
	(0.544)	(0.536)	(0.657)	(0.652)
样本量	1001	1001	1001	1001

续 表

变量	模型 1	模型 2	模型 3	模型 4
F 统计量	3.45***	4.78***	3.43***	4.35***
R－squared	0.069	0.093	0.072	0.097

注：*、**、*** 分别代表在 10%、5%和 1%的显著性水平上显著，括号内为参数标准误。

四、结论

本章利用中国人民大学科学研究基金资助的《中国综合社会调查(CGSS)》调查数据，就认知型社会资本对农村公共服务供给满意度的影响展开研究，研究发现人际信任变量和社会规范变量对农村公共服务满意度具有显著影响，人际交往对农村公共服务满意度不存在显著的影响。在控制变量方面，阶层属性、性别、学历、家庭人口数、年龄、宗教偏好等因素对农村公共服务满意度具有显著的影响。

文章的主要目的是分析社会资本对农村公共服务供给满意度的影响，本研究在两个方面补充了学界关于社会资本与农村公共服务供给满意度评价的关系：回归模型检验发现认知型社会资本对农村公共服务满意度的评价有显著正相关的影响，而结构(关系)型社会资本则影响较小，从而修正了学界笼统的关于社会资本与农村公共服务满意度评价之间的关系描述；二是解释了为什么结构(关系)型社会资本会对农村公共服务满意度评价影响较小，其原因在于结构(关系)型社会资本中联结型(异质性)社会资本过低消解了纽带型(同质性)社会资本在农村公共服务中的作用。社会资本在公共服务的供给、分配以及效率与效益方面都有着重要的影响作用，因此在培育农村社会资本方面，笔者有如下建议：

第一，从人际交往角度出发，加强异质性社会资本的培育，成立各种娱乐性、社会性民间组织，促进村民之间的交流，改善村内不同村民小组及异姓家族之间的关系，减少群体间冲突和矛盾。

第二，从人际信任角度出发，积极组织多样化和持续性的社区文体活动，增强村民对村庄的归属感与认同感，促进普遍性信任水平的提高和相互支持网络的建立。

第三，从制度政策角度出发，在公共政策层面，农村公共服务应以公平、正义作为基本的价值取向，并兼顾地区之间的差异性，关注农民真正需要的公共服务。

社会资本是社会联系和组织的纽带，能够将分散的人们重新联结和组织起来，公共服务是政府获得认同与合法性的基础，其社会性和政治性的功能显而易见，重视农村公共服务供给满意度的评价对于农村的稳定和发展有着非常重要的意义与必要性。

（张国芳、胡晨沛）

第四章　农村社会组织与村庄治理的基本情况
——基于浙江的实证调查

摘　要:用问卷调查的形式考察浙江农村的社会组织和村庄治理的基本情况,并对浙江农村民间组织和参与公共事务的基本情况做了分析和梳理,最后对农村社会组织的发展提出了相关建议。

关键词:社会资本;乡村民间组织;村庄治理

课题组在浙江宁波、衢州、舟山、杭州等市进行农村社会组织和社会资本情况调研,共发放 500 份问卷,回收 422 份问卷,回收率为 84.4%。问卷基本结构为人员基本情况、民间组织发展和村级治理基本情况等方面的内容。

一、被调查人员基本情况

在被调查人员中,男性 192 人,女性 209 人,分别占比 47.9%和 52.1%;年龄在 18 岁以下的 11 人,占比 2.7%,65 岁以上的 32 人,占比 7.7%,18 岁—65 岁人员共占比 89.6%;政治面貌党团员占比为 34.1%,群众为 65.7%;当过村干部的比例为 8.5%;受教育程度大专及以上占 19.1%。

被调查者中,男性为 192 人,女性 209 人。

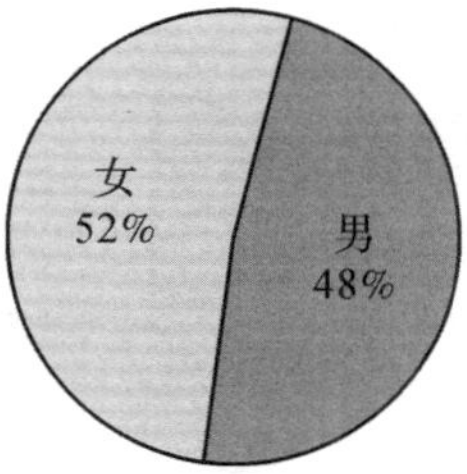

图 4-1　被调查者的男女性别比例

被调查者中,年龄 18 岁以下的 11 人,19—25 岁的 60 人,26—35 岁的 106 人,36—45 岁的 83 人,46—65 岁的 123 人, 65 岁以上的 32 人。

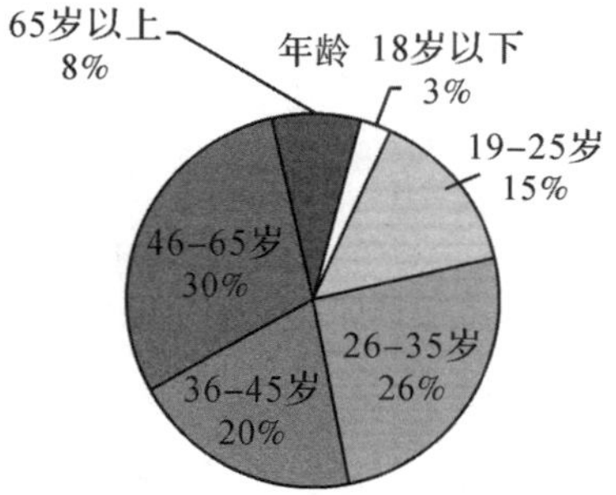

图 4-2　被调查者的年龄结构

被调查者中,党团员为 125 人。

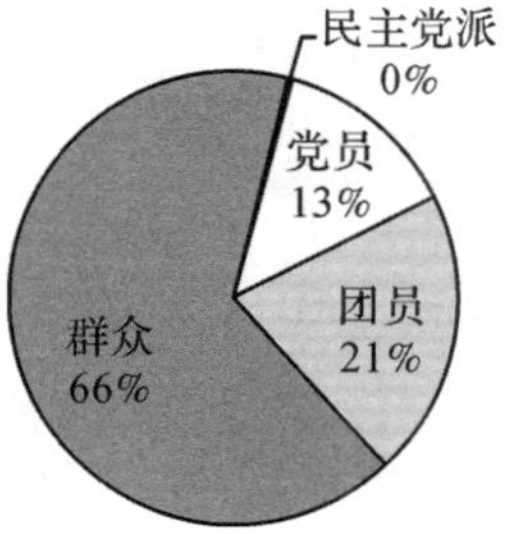

图 4-3　被调查者的政治面貌

被调查者中,大专文化程度以上者 79 人。

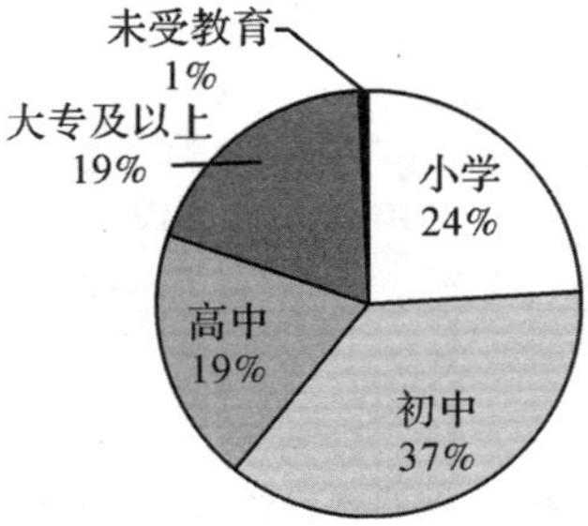

图 4-4　被调查者的受教育程度

被调查者中,已婚的为 317 人。

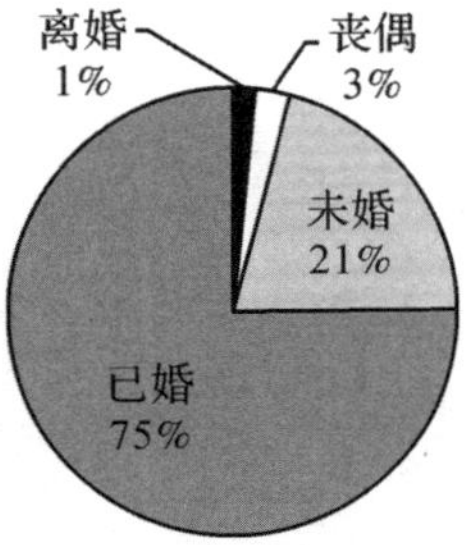

图 4-5　被调查者的婚姻状况

被调查者中,从事其他行业和个体工商业的为 254 人。

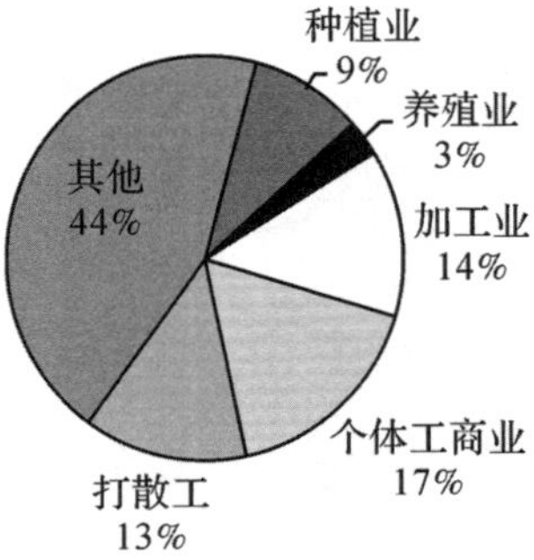

图 4-6　被调查者主要从事行业

被调查者中，当过村干部的为37人。

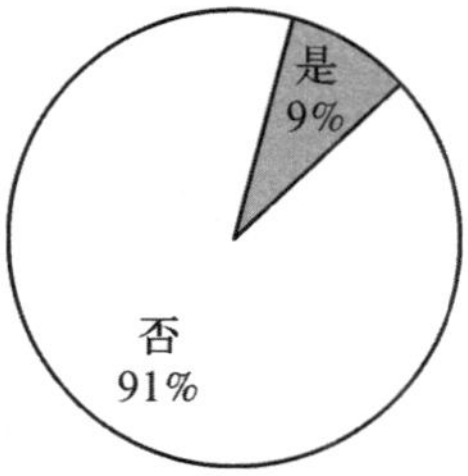

图4-7　被调查者是否当过村干部

二、村民参与社会组织基本情况

关于社会组织的类型，本研究采用了俞可平的关于社会组织的分类，学者俞可平从组织的职能性进行分类，认为社会组织包括：(1)权威组织：拥有官方背景和从事政治性活动的公共性组织，这些组织拥有法定的或授予的公共权力，在地方政府的领导下，组织和管理所在乡村区域内的各项行政事务。如：村民委员会，计划生育协会，老年人协会，村民代表会议。(2)服务型组织：在当地政府的统一领导下，联合社会力量，通过资金外包公共服务，社区自发成立的公共服务型组织。社会组织是政府与社会之间的中介，它具备一定的专业性、创新性和服务性，在提供服务、化解矛盾方面具有天然的优势①。服务型组织更多地承担社会责任。如：治安保护协会、果树保护协会、居民调解会、经济合作社、社区志愿者协会。(3)附属性组织：政府为更好地开展社会工作，所设立的社会组织，如共青团、妇联、干部学校，它们在组织上采取政府管理的方式，具有一定的组织性，附属于某一政府部门。

关于民间社会组织与社会资本之间的关系，纳克(Knack)、克夫(Keefer)等人对异质性社会资本的衡量标准提出了一些可操作性的概念，认为下面的一些社团组织是异质性的社团组织：(1)宗教组织，(2)教育、艺术、音乐和文化活动，(3)青年工作，(4)体育和娱乐活动，(5)妇女组织。这些活动都属于非营利

①彭波：《看服务型社会组织如何生长》，《人民日报》2013年。

性的，并且远离了政治权力和专业社团的运作，前三项是按照帕特南所定义的异质性社团的标准，加进后面两项是因为这两项活动能够加强信任和合作的习惯。① 之所以考察浙江农村的社会组织情况，是因为村民参加社会组织体现了一种潜在的社会资本，而社会资本又将影响村民参与农村公共事务的积极性和效能感，通过数据分析考察浙江民间组织的情况如下：

表 4-1　不同性别参加社会组织情况统计

计数		村里有如下民间组织吗					合计
		老人协会	业余兴趣爱好者组织	经济专业合作组织	社会服务性组织	其他	
性别	男	71	41	14	16	6	148
	女	61	65	5	20	5	156
合计		132	106	19	36	11	304

三、参与村庄公共治理基本情况

被调查人员参与村庄公共治理基本情况如表 4-2～表 4-5 所示。

表 4-2　对村里重要事情，谁意见更重要

		频率	百分比	有效百分比	累积百分比
有效	村支书	157	37.2	37.8	37.8
	村主任	36	8.5	8.7	46.5
	村里其他有影响的人	27	6.4	6.5	53.0
	全体村民	111	26.3	26.7	79.8
	大家一起商量	36	8.5	8.7	88.4
	不知道	48	11.4	11.6	100.0

①Beugelsdijk, Sjoerd and Sjak Smulders, 2006, "Bridging and Bonding Social Capital: Which Type is Good for Economic Growth?", http://www.ersa.org/.

续　表

		频率	百分比	有效百分比	累积百分比
·	合计	415	98.3	100.0	
缺失		7	1.7		
合计		422	100.0		

表 4-3　对村里公共事务愿意发表意见吗

		频率	百分比	有效百分比	累积百分比
有效	很愿意	87	20.6	20.9	20.9
	还好	141	33.4	33.9	54.8
	即使说了也不起作用	143	33.9	34.4	89.2
	不愿意	45	10.7	10.8	100.0
	合计	416	98.6	100.0	
缺失		6	1.4		
合计		422	100.0		

表 4-4　认为村干部在村里威信高吗

		频率	百分比	有效百分比	累积百分比
有效	是	115	27.3	28.7	28.7
	一般	158	37.4	39.4	68.1
	否	128	30.3	31.9	100.0
	合计	401	95.0	100.0	
缺失		21	5.0		
合计		422	100.0		

表 4-5　村子要取得发展主要依靠谁

		频率	百分比	有效百分比	累积百分比
有效	村干部	88	20.9	21.0	21.0
	政府	132	31.3	31.4	52.4
	村里其他有影响的人	21	5.0	5.0	57.4

续　表

		频率	百分比	有效百分比	累积百分比
	全体村民	157	37.2	37.4	94.8
	农村各自组织	12	2.8	2.9	97.6
	其他	10	2.4	2.4	100.0
	合计	420	99.5	100.0	
缺失		2	0.5		
合计		422	100.0		

从上面的调查分析中，我们可以发现浙江农村的社会资本、社会组织及村庄公共事务的治理有以下特点：

1. 社会资本的类型以传统型社会资本，即以家庭家族为基础的社会关系类型社会资本占有较大的比重，从我们调查的情况来看，无论是人际交往的频率，还是人际信任情况，大多数村民交往和信任的对象依然是亲族、家族和村内的人员。

2. 从社会组织存在的类型看，老人协会和兴趣爱好者组织是其主要类型，服务型社会组织和经济合作组织也有一定的规模。

3. 从村民参与社会组织的类型看，参与的积极性和频次并不是很高。

4. 从村民参与村内公共事务的情况看，大部分村民愿意参与村内的公共事务，但对参与的效能感不是很强。

科克斯(Cox)认为社会资本是“社会黏合剂”，使一个特定地方的成员紧紧联系在一起，从而使社会紧密团结从而提高组织过程的绩效。① 为了证明社会关系是资源能够增强社区的凝聚力，人们应该理解人的生活方式的底线不仅仅是用金钱来衡量的，而且应该用参与社团和公民的行为来衡量。她的主张是追随帕特南一直坚持认为的加强社区的能力可以通过公民的信任、网络、互惠来持续。帕特南还认为合唱团、体育俱乐部和社区组织是一个强有力社区最好的

①Cox, E., “The ‘Light and Dark’ of Volunteering”, in Warburton, J. and Oppenheimer, M., eds., *Volunteers and Volunteering*, Alexandria, NSW: The Federation Press, 2000, pp. 140—149.

显示器。① 鲍可(Bourke)认为社会关系包括社会联系、权力关系和社会资本在农村社区中有着非常重要的作用,而当地的体育俱乐部是参与社区生活的主要部分,这些社团影响居民的日常生活、社会网络、社区整合和信息的流动。②

斯迈尔斯(Smailes)认为通过参加体育运动、社区俱乐部及兴趣爱好者组织尤其是乡村组织的社会互动,在形成和加强社区认同感和社区归属感中发挥着重要的作用。③ 异质性的社会资本,这类社会资本能够培养村民对差异性的容忍和认同,能够培养宽容和协商的精神。村庄的功能性、娱乐性组织虽然不能带来直接的经济收益,但在某种程度上来说,却比血缘关系的家族、宗族组织更进了一步,只要不是外力强制,是自发生成的,这类组织就是一种水平的组织,能够促进信任和合作的产生。

农村民间组织的发展是乡村现代化、发展化的产物,而这些民间组织中又以新兴的农村非政府组织为典型代表。乡村民间组织为什么会发展起来,又靠什么得以继续发展下去呢? 各位学者各抒己见,比如李熠煜认为是"农村自身广泛社会资本的运用、基层政府对农村的公共物品供应不足、农村精英的参与"④推动了乡村民间组织的发展,而阮云星和张婧则认为老人自身在其中扮演的角色更为重要⑤。结合刘村老人协会⑥、文珍基金会⑦等例子,概括起来其发展动力从外部和内部来说不外乎以下几点:宗族关系下对社会资本的利用,基层政府公共产品供应不足,村民维护权利,基层政府的支持,乡村中精英的参与,内部较为完善的运行机制。

---

①Putnam, R. D., "Bowling Alone: America's Declining Social Capital," *Journal of Democracy*, 1995(6), pp. 65—78.

②Bourke, L., "Rural Communities," in Lockie, S. and Bourke, L., eds., *Rurality Bites: the Social and Environmental Transformation of Rural Australia*, Annandale, N. S. W.: Pluto Press Australia Pty Ltd, 2001, p122.

③Smailes, P., "From Rural Dilution to Multifunctional Countryside: Some Pointers to the Future from South Australia", *Australian Geographer*, 2002(33), p89.

④李熠煜:《当代农村民间组织生长成因研究》,《人文杂志》2004 年第 1 期,第 162 页。

⑤阮云星、张婧:《村民自治的内源性组织资源何以可能? ——浙东"刘老会"个案的政治人类学研究》,《社会学研究》2009 年第 3 期,第 112—138 页。

⑥同上。

⑦李熠煜:《当代农村民间组织生长成因研究》,《人文杂志》2004 年第 1 期,第 162—169 页。

这些民间组织，是由农民自发组成的，目标在于维护和实现农民发展的经济、政治等相关权利。民间组织构成了农村公民社会的重要组成部分。民间组织这些年来发展的势头较好，在农村的社会治理中起着重要的作用，但一项还未发展成熟的事物，必然存在着缺陷和不足，而这些不足会阻碍事物的发展。这些民间组织在内外部环境的压力下，产生了不少的问题，面临着不小的压力。如何克服这些问题、压力，成了民间组织发展的关键所在。

（张国芳）

第五章　浙江景宁传师学师仪式功能变迁的研究

摘　要：民族传统仪式作为少数民族特有的文化现象，是民族地区文化的重要组成部分。在少数民族乡村治理中，传统民族文化作为社会资本的一部分，对于改革开放前期的民族村庄来说，发挥着社会教育、族群凝聚、治理规范等作用。随着民族地区开放程度的提高，市场经济在文化转型发展和社会治理中的影响力日益扩大。同时，在国家政策的鼓励支持和文化精英的引导下，民族地区传统文化正在经历着现代性的调适。笔者通过收集文献资料、进行田野调查和深度访谈的方式，探究畲族传师学师仪式在不同历史阶段的机制性解释，进而探讨传统民族文化与基层社会治理的有机结合问题，以期为中国民族地区传统文化的创新转型发展提出一定的建议和展望。

关键词：传统仪式；功能变迁；社会机制；传师学师仪式

仪式作为一个分析概念可追溯至 19 世纪，它与神话和宗教有着密切的关系。最初，仪式被看作是一种特定的宗教行为，后来仪式的内涵逐渐拓宽，泛化为一种具体的社会行为。随着社会的变迁，仪式逐渐被赋予丰富的内容。Durkheim 认为仪式是信仰的行为模式①。Hooke 指出包含着世俗的行为就是

①E. 杜尔干(Emile Durkheim)：《宗教生活的初级形式》，林宗锦、彭守义译，中央民族大学出版社 1999 年版，第 12 页。

仪式[1]。Leach 则认为仪式是一种在共同文化中的间或行为，是一种关系体系[2]。Turner 认为仪式是基于信仰的规定性正式行为[3]。Kertzer 认为仪式是象征行为[4]。《简明文化人类学词典》指出仪式是一系列象征意义的行为的集中安排或程序。[5] 国内学者郭于华认为仪式是以象征性和表演性为特征，受传统文化影响的一套行为方式。[6] 不同学科、学者的不同视野产生不同的仪式定义，概而言之，仪式是一定群体基于共同文化而采取的具有象征意义的实践活动，是一种沟通和维持群体传统的途径，对它的研究从宗教转向世俗，从物态的层面转向实践意义的阐释。基于研究需要，本章的仪式指的是受传统文化影响、具有表演性和象征性特征的集体性社会行为和程序安排。

涂尔干最早提出仪式的功能分析，强调仪式具有维护社会秩序的功能。Malinowski 通过对特罗布里安德当地仪式的研究，发现仪式具有起到心理缓解的功能。[7] Geertz 则认为仪式的功能会随着社会的变迁发生相应的转变，仪式的功能需要在具体情境下进行分析。[8] 国内学者彭兆荣认为仪式是拟造出仪式情境，仪式是表现意义的一种手段，它的基本功能是交流和交通；[9]薛艺兵也指出仪式的象征所构建的场景对人的精神慰藉功能；[10]郭于华认为传统仪式发挥着强化秩序和整合社会的功能，同时也存在着分化、重组的功能。[11] 综合仪式功能的研究现状，不同学者对仪式功能分析有不同的理解。总的来说，传统仪式对于心理慰藉、集体认同感的强化和社会整合都有促进意义。

---

①Hooke，S. H.，*The Myth and Ritual Pattern of the Ancient East*，London：Oxford University Press，1933，pp. 1－2.

②布林·莫利斯：《宗教人类学》，周国黎译，今日中国出版社 1992 年版，第 328 页。

③V. W. Turner，The Forest of Symbols. Aspects of Ndembu Ritual，Ithaca 1967，P. 19.

④Bendix J，Kertzer D I，"Ritual，Politics，and Power，" Americon Political Science Review，1989(8).

⑤陈国强、石奕龙等：《简明文化人类学词典》，浙江人民出版社 1990 年版，第 135 页。

⑥郭于华主编：《仪式与社会变迁》，社会科学文献出版社 2000 年版，第 10 页。

⑦Malinowski，*Magic*，*Science and Religion*，Boston：Beacon，1948.

⑧Geertz，The Interpretation of Culture. New York：Basic Books. 1973，p143

⑨彭兆荣：《人类学仪式的理论与实践》，民族出版社 2007 年版，第 3 页。

⑩薛艺兵：《对仪式现象的人类学解释(下)》，《广西民族研究》2003 年第 3 期，第 39－48 页。

⑪郭于华主编：《仪式与社会变迁》，社会科学文献出版社 2000 年版，第 10 页。

在浙江省景宁县的实地调研中，虽然传师学师仪式一直在畲族人民的生活中保留其样态，但我们发现政府或者社会的主流的观念把传师学师仪式作为一种文化产业来发展，而整合社会与维持社会秩序的功能已逐渐衰退。传师学师仪式虽然在形式上还保留以前的样态，但其“社会性功能”的价值内核已发生根本改变。目前学界还有一部分学者寄希望于对传统文化资源的合理利用形成对乡村治理资源的有效补充，完善对乡村社会价值观的重建。梳理浙江景宁畲族的传师学师仪式从中华人民共和国成立前到改革开放后这一历史时段的功能变迁过程，可以发现传师学师仪式虽然形式上还保留其完整性，但价值内核已“改头换面”。传统仪式向何处去？我们应如何对其功能定位，又该以什么样的态度对待这一部分传统文化资源？

一、关于仪式功能与传师学师仪式研究的文献综述

仪式研究起源于人类学，早期人类学仪式理论可以追溯至“神话－仪式”的“人类学派”。泰勒(Tylor，E)、斯宾塞(Spencer，H)等人以古典进化论为理论范式进行神话－仪式研究，试图把仪式作为文化的原初状态，建构文化的历时性机制。宗教－社会行为探究是早期仪式研究的另一个取向，它把仪式当作特定的社会实践，涂尔干、莫斯等人将仪式和社会结构联系起来，探寻带有宗教寓意的仪式作为具体的社会行为，在社会结构中的作用。

仪式的功能研究开始于 19 世纪晚期，功能主义主要是为了解释社会运行的基本原理。孔德①和斯宾塞②是功能主义基本原则的早期提出者，他们认为社会系统与生物机体存在相似之处，主张以生物有机体视角研究社会的结构和功能。涂尔干(Emile Durkheim)是仪式功能主义的代表性人物，他将仪式看作社会生活的实践过程，在《宗教生活的基本形式》中他将世界划分为两个领域，神圣和凡俗。③ 他指出仪式作为信仰行为，连接着神圣和凡俗，发挥着社会化的

---

①奥古斯特·孔德：《论实证精神》，黄建华译，商务印书馆 2001 年版，第 8 页。

②赫伯特·斯宾塞：《社会学研究》，张宏晖、胡江波译，华夏出版社 2001 年版，第 1 页。

③涂尔干：《宗教生活的基本形式》，渠东、汲哲译，上海人民出版社 2006 年版，第 33 页。

功能。20 世纪 30、40 年代，功能人类学派创始人马林诺夫斯基(Malinowski)认为只有在认识文化功能之后，才能探索历史，即功能探究是历史探究的基础。他认为仪式形成的结果和其在社会制度中所处的地位就是仪式的功能，同时仪式的形式取决于仪式的功能，主张对仪式功能的考察要结合其所处的具体社会环境。[①] 拉德克利夫·布朗(A. R. Radcliffe－Brown)也指出，功能的共时性研究必须要先于历史的历时性研究，主张用功能关系来解释社会文化现象。[②] 他从社会结构的功能出发，在研究图腾制度时将其放置在差异性的文化背景之中，并从中探讨了不同文化图腾仪式的功能[③]，这对于我们理解社会群体结构和仪式功能整合的实现机制具有较大帮助。

英国功能主义人类学者利奇(E. R. Leach)试图突破传统结构功能的分析框架，将历史纳入结构功能的分析框架之中。他在《上缅甸诸政治体制》[④]中引入了变迁视角，试图运用动态平衡将历史与民族志相互联结起来进行社会变迁研究。20 世纪 40 年代，现代结构功能主义的主要代表人物塔尔科特·帕森斯(Talcott Parsons)[⑤]和罗伯特·默顿(Robert King Merton)[⑥]强调结构的重要性，他们认为社会是由结构构成的系统，同时提出体现功能的结构分化变迁模型，指出社会具有自动形成社会整合的倾向。

国内对仪式功能的研究开始于 20 世纪 80 年代，主要注重仪式的象征意义及其内在逻辑的阐释。随着社会的发展，现代学者逐渐拓宽仪式研究的功能主义视野，更加关注仪式文化在现代社会发展中的历史演变过程，仪式的实际运用、现代意义，以及从仪式行为和象征层面探讨国家社会关系。国内对仪式的研究主要在以下三方面：民间社会与国家之间的互动关系、仪式对不同族群的功能性解析和作用、仪式在现代社会的实际运用和仪式的历史演变考察。

---

①马林诺夫斯基：《文化论》，费孝通译，中国民间文艺出版社 1987 年版，第 35－36 页。

②A. R. 拉德克利夫－布朗：《原始社会的结构与功能》，全新译本，中国社会科学出版社 2009 年版，第 12 页。

③A. R. 拉德克利夫－布朗：《原始社会结构与功能》，江西教育出版社 2014 年版，第 2 页。

④李区(利奇)：《上缅甸诸政治体制》，张恭启、黄道琳译，唐山出版社 2003 年版。

⑤塔尔科特·帕森斯：《社会行动的结构》，译林出版社 2008 年版，第 6 页。

⑥默顿：《社会理论和社会结构》(2 版)，译林出版社 2015 年版，第 2 页。

罗惠翾从强化仪式、通过仪式和纪念仪式三种宗教仪式作为切入点探究仪式的功能，阐释仪式在构建社会稳定中所起到的文化涵化、信仰强化、心理调适等作用。① 薛艺兵则把仪式看作一个象征系统，探究仪式作为象征符号在特定情境中的仪式行为所表达的象征意义。同时，他将仪式现象与社会现实联系起来，从作为社会表象的仪式中寻找仪式的价值和功能解释。② 李建宗将陇中农村地区社火仪式作为个案研究对象，他详细阐释社火的历史发展、表演过程和内容，从中得出社火仪式的祭祀祈吉、沟通团结、娱乐教育的社会功能，指出社火仪式的民俗活动背后所蕴含的社会伦理及其在农村生产生活中的作用。③

对于仪式变迁的研究，廖小东等关注社会变迁对仪式功能变化的影响，他认为仪式功能变化主要表现为仪式自身功能的变化和实现功能形式的变化两方面。他分析了政治合法性建构、经济功能、社会控制功能和文化传承方式四个维度的仪式功能变迁，对于我们研究不同社会发展阶段的仪式变迁有较大的启发意义。④ 黄彩文从民间信仰角度来研究仪式与社会变迁的关系，她通过布朗族的祭竜仪式的变迁过程来展现民间信仰的复兴和再造过程。她认为民间信仰从压制到认可的过程是国家主流大传统和地方小传统、社会变迁与仪式变迁的互动调试过程。⑤ 高志英等通过呈现泸水县"傈僳族刀杆节"从民间祭祀仪式到民族文化节日的演变，指出族际文化互动和共享是重要的文化推动因素，其中社会变迁对它的影响比较大，是人们在共同的经济利益诉求下谋求政府与民间的合作、吸纳、共享的一个过程。⑥

---

①罗惠翾：《从人类学视野看宗教仪式的社会功能》，《新疆师范大学学报》（哲学社会科学版）2009 年第 1 期，第 37—41 页。

②薛艺兵：《对仪式现象的人类学解释（下）》，《广西民族研究》2003 年第 3 期，第 39—48 页。

③李建宗：《仪式与功能：文化人类学视野下的陇中社火》，《黑龙江民族丛刊》2008 年第 4 期，第 156—160 页。

④廖小东、丰凤：《仪式的功能与社会变迁分析》，《湖南科技大学学报》（社会科学版）2012 年第 4 期，第 175—178 页。

⑤黄彩文：《民间信仰与社会变迁——以双江县一个布朗族村寨的祭竜仪式为例》，《云南民族大学学报》（哲学社会科学版）2009 年第 4 期，第 28—31 页。

⑥高志英、杨飞雄：《互动、共享与变迁——傈僳族上刀山下火海仪式变迁研究》，《西南民族大学学报（人文社会科学版）》2013 年第 2 期，第 56—61 页。

传师学师仪式流传至今已有700多年的历史，它是具有道教性质的畲族特色原始宗教信仰活动，俗称“奏名传法”或“做阳”。传师学师是畲族法师向学师的弟子进行传师的一种活动，以舞蹈演绎、祭祀的方式展现畲族始祖龙麒上闾山学法克服艰难险阻的过程。[①] 赵婧旸、罗震宇通过历史文献的梳理，考察在明清时期社会背景之下畲族民间信仰产生的社会基础，认为畲族民间信仰“闾山学法”是在畲族自身文化与当地社会环境相结合下产生的宗教成年礼仪式。它是将祖先崇拜与巫、道进行结合，以奏名学法的仪式流传下来，这是畲族传统宗教信仰进行文化适应、寻求合法化的结果。

孙秋云通过对学师仪式活动内容、特征、地位的全面描述，追溯学师仪式的缘起。她指出，学师是对新成年人的社会教育，不仅作为传授谋生的技术，更重要的是起到培养集体意识、民族团结的作用，发挥着“学校”社会化的功能。祖先崇拜信仰的向心力是学师仪式在经过历史兴衰仍然得以传续的原因。

石中坚从文化功能的视角探析畲族民间信仰，认为民间信仰背后的文化因素是其得以保持下来的重要原因，并指出民间传统信仰起着规范道德行为、身心安慰、信息交流、强化认同归属、整合族群等社会文化作用。周慧慧将传师学师看作是身份转换的一种过渡仪式，她指出这种过渡仪式的根本功能是群体内成员新身份的赋予，传师学师的过渡仪式是村庄内部社会结构重组的一种形式，通过仪式，联结神圣和世俗两个领域，畲民得到心理慰藉，民族内聚力得到增强，日常生活的危机得以解除。

蒋炳钊在探索畲族宗教信仰时指出，传师学师仪式除了表示成年礼的意义之外，还具有群体成员获得某种身份地位、聚拢族群的作用。[②] 赵海瑛认为做醮即传师学师仪式所营造的共同情境是连接始祖盘瓠和畲民的纽带，进而确立共同信仰，强化族群认同。传师学师仪式作为盘瓠神话和畲民族群的中间环节，仪式通过特定的符号元素将畲民与祖先盘瓠联系起来，深化族群心理认同感。

陈雪飞分析了传师学师在中华人民共和国成立后衰落的原因，民国时期抓壮丁，使得法师和成年男子人口锐减，畲族人民的生活和生产遭到巨大破坏，传师学师仪式也就逐渐衰败了。中华人民共和国成立后，破除迷信，畲族与汉族

---

①景宁畲族自治县民族宗教事务局编：《景宁畲族风俗》，第117页。

②蒋炳钊：《畲族史稿》，厦门大学出版社1988年版，第84—85页。

的杂居，畲族习俗被同化，加之，社会快节奏思想观念影响畲民的思想审美，传师学师传承方式和表演机制的繁杂，冗杂的传师学师仪式逐渐退出畲族人民的生活。此外，她从文化学的角度探析传师学师仪式的功能，她也认为传师学师仪式具有凝聚人心、强化认同和维系族群生存发展的作用。

二、中华人民共和国成立前的传师学师仪式：身份的获致和传统的习得

畲族在中华人民共和国成立前期由于受到封建社会的政治压迫和经济剥削，加之出现人口增长问题①，为了逃避封建赋税，畲民进行族群迁徙。在明清时期已有一部分畲民在闽东和浙南等地聚居，比较分散化，只有小部分集中居住。因此，为了凝聚整个畲族族群，通过举行具有本民族特色的活动来强化族群观念，而传师学师仪式就是其中一种畲族凝心聚力的表达方式。

传师学师仪式流传至今已有 700 多年的历史，它是具有道教性质的畲族特色原始宗教信仰活动，俗称“奏名传法”或“做阳”。传师学师是畲族法师向学师的弟子进行传师的一种活动，以舞蹈演绎、祭祀的方式展现畲族始祖龙麒上闾山学法克服艰难险阻的过程②，属于原始道教正一派性质的宗教活动，后来演化成男子成年礼性质的仪式③。畲族族内规定，年满 16 周岁的男性才能举行传师学师仪式，它的目的是为年轻男子祈福。此外，传师学师仪式是身份地位划分的重要标志。学师以传代为荣，传代越多，在宗族中的个人地位越尊贵，相应地，在村落中的声望也越高。

传师学师作为一项隆重的成人礼仪式，在畲族村落中具有重要意义。历代社会对畲族的民族歧视政策导致畲族比较排外，因此传师学师仪式一般都是在畲民家中秘密传授，不让外族人员参加。在中华人民共和国成立前，畲民家里

---

①蒋炳钊：《畲族史稿》，厦门大学出版社 1988 年版，第 100 页。

②景宁畲族自治县民族宗教事务局编：《景宁畲族风俗》，第 117 页。

③孙秋云：《浙江畲族传统的“学师”活动研究》，《中南民族学院学报》（哲学社会科学版）1988 年第 1 期，第 67—71 页。

只要有儿子，必然要对其举办传师学师仪式。传师学师仪式是未成年人向成年人身份的转变和社会地位获得的标志。未成年男子只有举办了传师学师仪式，才能得到畲族村落内部成员的认可和尊重。明清时期，90%的畲族男子在年满16岁时都会举办传师学师仪式①，它是一种地位和身份的象征，学过师的人与未学过师的人分别称为红身和白身。在做功德时，学师已传代者穿青色寿服，未学过师的人穿蓝色寿服，着不同颜色的衣服以示身份的差别。② 通过传师学师仪式，学师者受到先祖学法的传统历史教育，同时也是对学师者身份转化的承认。学师传师代表着家人和社会给予的一种责任传递，让学法者成为一个成熟的男人，它是畲族前辈对晚辈代代相传的一种历史教育和社会期望。

1. 族群凝聚

由于畲族广泛分布于福建、浙江、江西、广东和安徽等地，分散程度大，只有小部分是聚居式的。因此，为了保持整个族群的向心力和凝聚力，通过祖图、祖杖等象征物件，举办传师学师仪式来表达对共同祖先盘瓠的崇拜。在安亭村，畲民聚族而居，传师学师仪式是一项必不可少的人生仪式。始祖崇拜教育将全国各地的畲族人民团结在盘瓠子孙的旗帜下，共同抵御外族、反抗压迫、谋求生存。在仪式的共同在场情境下，祖先的神圣感和仪式的感染力渲染族群氛围、重拾集体记忆，起着维系族群民族情感、凝聚族群认同感和向心力的作用。

2. 社会教育

中华人民共和国成立前，在反动统治者的剥削下，畲族人民基本没有受教育的机会。同时，由于畲族没有自身的文字，只能通过口口相传的方式来教育后代。传师学师仪式的本意是把生者的姓名告知祖先，同时将祖先的法则传授给下一代，③是一种塑造下一代价值观念的重要教育方式。传师学师仪式在传授民族生存技能的同时，培养青少年的道德观、集体意识和族群认同感，是畲族

①邱国珍：《浙江畲族史》，杭州出版社2010年版，第184页。

②雷弯山：《畲族风情》，福建人民出版社2002年版，第143页。

③史图博、李化民：《浙江景宁敕木山畲民调查记》，1984年中南民族学院民族研究所编，第46页。

内部维系族群的联结纽带。

3. 心理慰藉

畲民居住在深山之中，地质灾害频繁，土地贫瘠，农业收入微薄，特殊的地理环境造成畲民对自然的恐惧感。中华人民共和国成立前，畲民深信鬼神迷信，遇生病、灾害认为是妖魔作祟，需要通过祭祀等仪式来祈祷神灵保佑。畲民将传师学师仪式看作是驱除妖魔、保护年轻男子顺利成长的一种方式。畲民认为通过传师学师仪式，青少年就免受妖魔搅扰，能够顺利长大成为一个社会的有用之才。尽管仪式不一定有实际效果，但这是一种积极的心理暗示，至少给人们带去心理安慰。畲民普遍认为通过传师学师仪式，个人身份得以转化，个人成长受到祖先神灵的保护。

4. 权威树立

仪式的神圣性和庄严性塑造了人们对它的敬重和谨守，在畲民的心中自觉接受传统的价值观念和信仰，自觉认同和服从仪式所推崇的价值理念。通过传师学师仪式，族群的意志成为个人意志的基础，仪式所赋予个人的身份和地位，提升了个人的威望和公信力。在村庄领袖推举中，一般都会挑选学过师的人担任族长等重要职务。学过师并且传代的家庭和个人受到村民的爱戴和赞赏，在村庄中的身份地位和话语权也比较高。

5. 秩序整合

传师学师仪式将先辈的家训祖训传授后辈，教导青少年从德向善，整个村庄的社会风气十分友善、睦邻团结。中华人民共和国成立前，畲族深受阶级剥削，畲民大多数都是佃户，要向地主缴纳高额地租，收成不好的年份，食不果腹。虽然畲族内部也有一小部分地主，但是从不剥削畲民，畲民在平时的劳作、红白喜事中互帮互助。一家有事全村帮忙，并且都是自愿主动提供帮助，不用支付酬金。传师学师对个人的品行和道德的塑造，在一定程度上对村庄整体社会整合和秩序维护起到规范作用。

三、中华人民共和国成立后的仪式变迁：文化调适和治理转型

中华人民共和国成立后至改革开放前，畲族村落在正式公开场合已不再公开举行传师学师仪式，但是，由于安亭村偏僻的地理位置、相对宽松的政治环境、山地农耕的生存环境和传统习俗的路径依赖等原因，传师学师仪式得以流传下来。虽然仪式在表面上受到行政力量的革除，但是畲民在私底下依然举行传师学师仪式。传师学师仪式在当地畲民的意识观念和实际村庄治理中的作用虽呈现一定程度的弱化，但依然具有社会教化、心理慰藉、凝聚族群、权威认同和秩序规范的作用。

在村庄基层单位中，国家和政府进行组织介入，将私人空间和社会空间压缩到最低限度，独立自治的乡村空间基本不存在。但是传统乡村的民间信仰基础未受到完全摇动，族群共同体意识未弱化。祖先崇拜依然是畲族族群的重要认同方式，传师学师的祭祖仪式作为祖先崇拜中的祠祭发挥着凝心聚力的功能。

传师学师从一个畲族族群共有的民间传统习俗信仰演变成为民族文化的对外展示名片和经济发展的助推器。加快发展文化产业，是建设“文化浙江”的必然要求，也是文化自信的重要表现，因此，打造特色区位文化是新时代文化产业发展的新格局。景宁畲族自治县注重文化品牌创新，按照“一村一品”的思路，培育文化品牌。安亭村在2017年举办“幸福同城 安亭春晚”村晚，借助村晚平台展示畲族传师学师等非遗传统文化，同时开展奏名学法节等大型文化活动，形成独具特色的文化品牌。安亭村是一个原生态文化保留较完整的畲族古村落，政府在此基础上深入挖掘畲族文化，保护和收藏畲族文物，积极将其打造成畲族文化活博物馆村。畲族生态文化活博物馆中展示着最古朴、最原生态的畲族文化，每一幢房子、每一户人家都是原生态畲族文化的展示厅，游客在每家每户的日常生活中切实体验畲族文化。政府同时出台政策鼓励培养畲族传师学师技艺传承人，让畲族文化代代相传，切实做到传统文化的保护传承和适度开发相结合。正是在政府的支持下，安亭村创办了七月初三的“奏名学法”节，

举行隆重的传师学师仪式展演，同时与畲娃求学、畲家织布、畲家劳作、雕刻、盘歌会、畲菜宴等畲族原生态文化相结合进行展示。每年举办奏名学法节都会有很多的外来游客慕名而来，欣赏畲族原生态文化。安亭村还出资 20 万元拍摄安亭宣传片，向外界宣传畲族文化，提升知名度，助推安亭文化品牌的塑造和文化产业的发展。

1. 仪式性质的展演属性突显

随着改革开放和社会教育的发展，畲民不再局限于村落的关系网络，开始接受外部的思想观念。近年来，政府大力推动"非遗传承有形化""非遗展示载体化""非遗成果品牌化"等工作，鼓励支持畲族文化的弘扬和传承。渤海镇安亭村是景宁县现存畲族元素最丰富的村寨之一，传统的畲族祭祀仪式传师学师(又名奏名学法)仪式保留至今，浓缩了畲族人文历史，蕴含了民俗礼仪、音乐舞蹈、农耕文化、生态文明等人类文明。景宁县政府通过文化项目扶持，在安亭村修建了奏名学法堂、耕读堂，在安亭村书记的倡导和畲民的共同努力下创建了"畲族文化活博物馆"。博物馆的建设使得村里家家户户都成为畲乡文化展示的窗口，对各种畲族传统习俗、文化活动及日常生活进行活态展示。

原先带有祖先崇拜成分的学师仪式的展演性质逐渐突显。传师学师仪式原本是在个人家里举行的，对畲族之外的族群是不开放的。现在政府筹资建立了专门的传师学师堂，进行文物的展示和学师活动的展演，并且仪式对所有人员开放。随着畲族文化的开发和村落的社会经济发展，传师学师仪式现在被分为两种形式，一种是沿袭成人礼性质的仪式举办，另一种是将传师学师仪式作为向外传播和弘扬畲族文化的窗口。即便是在畲民家中举行的成人礼，外来人员也可以在旁参观。无论何种形式，它都不再是原初意义上的传师学师仪式，其内涵和背景都发生了转变，逐渐成为一项大众化的文化娱乐活动。上寮村的年轻人都外出打工、求学，村落中原本族规家训的凝聚规范作用逐渐减弱，村庄共同体意识也开始淡化。在现代化的影响下，传师学师仪式的性质发生转变，由成人礼性质逐渐转变为文化展演性质。

政府在加强畲族历史文物收集整理和非物质文化遗产保护的同时，通过畲族文化传承人队伍建设和活态畲族文化的打造，将其与中国畲族博物馆等静态的畲族文化形成互补的文化传承机制。政府和村庄文化精英共同挖掘开发原生态的畲族文化旅游资源，做深、做活畲族文化文章，增强畲族文化的知名度和民族文化的竞争力，努力形成品牌效应。政府坚持群众主体，强化文化活动支撑和机制保障。政府出资建设的文化礼堂运转常态化，支持开展学师文化活动，进而丰富农民文化生活，构筑农民群众的共同精神文化家园。传师学师仪式成为农村文化建设的重要载体，成为农民群众的文化精神家园。

2. 仪式开发的旅游经济导向

在乡村振兴战略下，县委县政府提出“中国畲乡，小县名城”建设要求，安亭极力打造全省畲族文化传承样板村，建设“畲族活态博物馆”。安亭村让村子里的每一户人家都成为一个展厅，努力将畲寨打造成具有知名度的文化品牌。农历七月初三是安亭村的奏名学法节，那一天分散在全国各地村寨的畲族人都会聚集到安亭村，在奏名学法堂重温传统仪式表演和畲族文物展示，重塑畲族族群共同记忆。在畲族村落原本是不存在奏名学法节的，这个节日的设定是畲族文化对旅游市场的适应性调适。奏名学法节设置在七月初三是考虑到畲族年轻人外出使得家人团聚的时间较少，而暑假的假期是家庭团聚的合适时间。可见，传师学师仪式在现代社会深受旅游市场经济的影响而发生着自身内涵和形式的转变。

奏名学法节当天有“传师学师仪式”展演、“安亭畲歌队”畲歌演唱、耕读堂学子“畲娃求书”畲语展示、婚庆礼仪表演等彰显畲族文化的非物质文化活动，安亭村还专门设置展厅进行畲族古文物的展示。安亭村还计划依托独特的自然景观、天然氧吧和特色民俗体验等配套开发民宿、餐饮等设施，招商引资带动当地居民收入的提高和文化旅游产业的发展。因此，传师学师仪式受到现代市场经济的影响，仪式在保护传承的同时逐步趋向功利化方向发展。

为了更好地发展乡村旅游，安亭村以建设“畲寨风情”民族特色村寨为目标，进一步挖掘、保护、传承和展示畲族文化，推出了畲家敬茶、敬酒、畲族山歌对唱、奏名学法等具有畲族风情的民间艺术表演，全力做好做活做深“十古”文章。2017 年安亭村完成一支 50 人的学师传师队伍，配套建立了一支 40 人的盘歌人员队伍，一支 100 人的畲族原生态服饰展示队伍和一支 20 人的绝活传承队伍，全面打造畲族文化传承队伍，向外界展示原生态的畲族文化。

畲族文化和乡村旅游发展的文旅结合方式成为传师学师仪式发展的一个重要方向。近年来，安亭村在美丽乡村建设中通过民族特色村寨项目，积极推进全村屋檐翘角、前廊修缮、改栏改厕、安亭传师堂建设、观景亭建设等改造。现在，安亭村提升了安亭千年古畲寨魅力，打造成了具有一定知名度的传统畲族村。未来目标是要努力把安亭村打造成千年古畲寨和“世界畲海明珠”，带动安亭观光旅游业的发展。

3. 仪式传承的政府主导

改革开放以来，安亭村加强基层队伍建设，充分发挥村两委班子和党建引领的作用，不断激发村民投身社会发展的主观能动性。安亭村健全自治、法治、德治相结合的乡村治理体系，提高乡村治理现代化水平。同时，持续推进乡风文明行动，健全完善红白理事会、移风易俗先锋队等队伍共建共管的体制机制，净化村风、家风、民风，实现“三风自治”。

通过党建引领，从党员做起，坚决摒弃各种陋习，充分调动群众参与的主动性和积极性，使移风易俗工作深入民心。全面落实意识形态工作，切实抓好意识形态阵地管理和舆情研判处置工作。通过建立乡村振兴讲习所，推进简办婚丧喜事、革除迷信思想等移风易俗行动，规范“两会一约”，确保移风易俗工作的深入开展。在景宁县政府和渤海镇政府的支持下，安亭村主持开展风情畲道、上寮祖神广场、畲族古廊桥修缮、上寮至安亭游步道项目，完善历史文化古村建设，做好畲族文化的保护与开发工作，将村落发展与旅游结合发展。

政府秉持“绿色发展 · 乡村振兴”的战略发展方向，加大农村基础设施建设投入力度。在推进村庄发展过程中，注重将特色自然人文优势转化为发展优势，进一步强化优秀民族传统文化的保护和传承，挖掘内涵，不断提升畲族村庄品位，切实增强村民的民族自信和文化自信，助推民族村寨的经济发展。此外，安亭村制定符合当地的村规民约，以社会主义核心价值观为指引，提炼畲族传统文化精髓，把家风建设作为推进农村移风易俗的载体，不断引导推进农村乡风文明，大力促进乡村文化兴盛，留住农耕文明的“根”和“魂”，加强农村文化礼堂的建设和使用，形成革陋习、树新风、扬正气、奔小康的良好氛围。

传师学师仪式的发展得益于政府主导、公众参与的传承保护机制，安亭逐渐形成全民文化自觉、文化自信的氛围，畲族优秀传统文化得到很好的传承、发扬和开发。安亭村进行“非遗成果品牌化”建设，传师学师仪式的队伍打造、奏名学法堂的修建等，加强畲族文化的品牌化运作，提升非遗影响力。同时将传师学师仪式与畲族婚嫁、畲语畲歌、畲族活博物馆等系列畲族文化展示结合起来，培育“奏名学法节”等民俗节庆品牌，打造安亭非遗村落，建设非遗体验窗口。在美丽乡村建设和文化礼堂建设的背景下，安亭村从非遗保护有形化展示和传承的要求出发，建成“安亭传师学师非遗展示馆”，在保护传承畲族文化的基础上适度调适开发。

4. 传师学师仪式发展的文化调适转型

随着社会的发展，传统文化正进行着现代化的调适转型，文化产业的发展是社会主义文化强国建设的时代要求。近年来，文化与经济相互促进、相互渗透、相互融合已成为大趋势。景宁县中国畲族文化总部围绕文化生态保护、文化产业振兴、文化品牌铸造等八个文化工程规划畲族文化的保护、传承和发展工作，努力发挥景宁资源组合优势，保护畲族文化传统，积极探索畲乡经济社会转型发展新思路。

党的十一届三中全会之后，安亭村逐渐对外开放，畲族文化和思想观念也开始逐步接受和适应外面的社会。安亭村拥有得天独厚的畲族民俗文化自然条件和深厚的畲族文化底蕴，是传统畲族文化的传承基地。改革开放之后，畲族文化在村落中复苏、继承和发扬，在政府的鼓励倡导下进行非物质文化遗产的挖掘、保护和开发。安亭村至今已有 13 代畲民在此生活了 200 多年，留存了独特的畲族古建筑风貌、深厚的人文底蕴及丰富的畲族非物质文化遗产。2016 年，安亭村被确定为省级第四批历史文化村落保护村。政府注重安亭村畲族文化的传承和重塑，对畲族传统节日、祭祀礼仪等彰显畲族文化独特魅力的非物质文化遗产进行挖掘与保护，同时培养传师学师仪式传承人。

传师学师仪式的保护开发是根据项目制化的民间传承方式，以“文化项目申报答辩制”来进行文化发展的机制。学师仪式是由安亭村村委和村民提交申报材料，文化部门通过项目化的申报和审核，根据项目内容给予人员支持、政策支撑、资金扶持等各项资助。渤海镇政府、安亭村村委积极为畲族文化谋划传承发展途径，进行停车场、特色门楼、畲族活博物馆、办公楼修缮等 12 个项目建设，推动畲族村落适应现代社会的发展。安亭村中有市级和县级传师学师非遗传承人 3 名，政府提供一定的资金补助，推动仪式的传承和发展。传师学师作为畲族非物质文化的代表，安亭村凭借畲族历史文化，大力开展非物质文化遗产展演活动，为游客全面展示畲族原生态文化。

（张国芳、张怡）

第六章　传统社会资本及其现代转换[①]

——景宁畲族传统社会资本及节庆“三月三”的考察

①在景宁实地调查期间，得到了景宁县政府的卢健国、雷衣林等同志，鹤溪镇驻村干部陈萧红，以及东弄村、周湖村（暮洋湖村）、敕木山村、惠民寺村、包凤村、梧桐村、李宝村等村的村干部和部分村民的帮助和支持，在此表示感谢，当然文中的错误由本人自负。

关于传统，有很多学者做出了阐释：丹·本－阿默思（Dan Ben－Amos）在《传统的七要素》中，将“传统”定义为一系列的俗识、规范、过程、大众物、文化、言语和表演，见 Dan Ben－Amos, The Seven Strands of Tradition Varieties and Its Meaning in American Folklore Studies. Journal of Folklore Research, 1984, 21(2/3), p97－131. 而关于传统与现代性的关系，美国学者艾略特·奥林则认为，传统与现代只是社会和文化多元分类中的一种：乡村/城市、机械/有机、社区/社会、本土/世界。一般的观点认为，传统如果作为一个时间段来表示的话，是“陈旧的”，是与现代性相对应的。而现代性则指的是技术、社会和经济组织、审美、价值观和生活方式都完全不同于过去的时期。现代性的特点是工业化、资本主义、民族主义、个人主义、理性化和社会制度世俗化及代议制民主制；与此相对应，传统的定义则是：前现代的、过时的、守旧的、古董的、保守的、经典的、原始的、民间的及惯例的，见艾略特·奥林《透过传统看传统》，王霄冰等主编，《传统的复兴与发明》，知识产权出版社 2011 年版，第 9 页。如何看待传统与现代，则在于是用积极还是消极的眼光，对于传统或现代，全盘肯定的复古主义和完全否定的虚无主义是不合适的。郑杭生先生则认为“现代的成长”指的是社会不断从传统走向现代，“传统的被发明”社会从传统走向现代的过程中不断产生自己的传统，而现代性，则是“现代的成长”和“传统的被发明”的有机统一，传统与现代是既“非此即彼”又“亦此亦彼”的关系。见郑杭生《论现代的成长和传统的被发明》，王霄冰等主编，《传统的复兴与发明》，知识产权出版社 2011 年版，第 1 页。本文认为，传统与现代并没有一个绝对的分野，而传统要在现代性中得到传承，则在于对现代性的适应及转换。

第六章　传统社会资本及其现代转换——景宁畲族传统社会资本及节庆“三月三”的考察

摘　要：在景宁畲族民族自治村的调研发现，村庄内蕴充足的传统社会资本，在社会关系层面，主要包括以家庭、亲族、宗族为核心的传统结构型社会资本；在制度规范层面，主要包括以族谱、族规等具有规范性意义的制度性社会资本；在文化价值层面，主要有以民俗节庆、祖先崇拜为机理的具有信仰、价值意义的认知性社会资本。这几种类型的传统社会资本经过市场机制与政府机制推动，以景宁畲族传统节庆“三月三”为载体，经过现代性转换，传承和发展了畲族原生态文化，扩展了传统以社区地缘和血缘为特征的社会资本，对促进地方经济发展、整合社会资源、扩大民众参与起到了较强的影响作用。

关键词：传统社会资本；现代转换；景宁畲族“三月三”

一、景宁畲族自治村基本情况

浙江景宁县隶属于浙江省丽水市，为畲族自治县，同时有汉、畲、苗、藏、回、侗、黎族等 8 个民族，被称为“中国农村水电之乡”，总人口 17 万，位于浙江西南部，属浙南山区，是典型的山多地少的地区，当地人称景宁是“九山半水半分田”。在景宁民族村的实地调查中，发现当地村民人际关系和谐，邻里互帮互助，村民业余文化生活丰富，当地有一些有特色的活动，例如梧桐乡举行的民俗文化节，精彩纷呈的民俗文化展演、千人“百家宴”等活动；鹤溪镇敕木山村被国家民委确定为全国少数民族特色村寨建设试点村，包凤村建成了“畲族雷氏特色村”，东弄村的畲族民间山歌、舞蹈、手工彩带编织、农耕具制作与收藏等非物质文化遗产在这里得到了很好的保护与传承，该村被纳入 2011 年“美丽乡村 · 魅力畲寨”建设村之一，还成功举办“首届畲族文化艺术展示会”；在大均乡有腰鼓队、秧歌队、健身舞队、排舞队、民乐队等文艺团队，经常进行文艺演出；每个民族村，有族谱、祠堂、祭祖仪式及经常性的节庆活动；在景宁畲族最有影响力的民俗节庆活动，除了大家耳熟能详的春节，就是畲族的“三月三”。当地的乡村文化建设使其内蕴的传统社会资本得到了很好的挖掘与展示。本章从社会资本视角出发，研究景宁畲族民族自治村传统社会资本，并对其现代性转换做了分析，希望对目前乡村社会资本研究起到一定的推进作用。

根据景宁畲族风俗的文书记载，畲族的“畲”字由“人示田”组成，由“畲”字演变而来，畲族是被称。最早见于南宋理宗景定三年（公元 1262 年）刘克庄的《漳州谕畲》一文，文曰：“凡溪峒种类不一：曰蛮、曰瑶、曰黎、曰蜑，在漳曰畲。西畲隶龙溪，犹是龙溪人也。南畲隶漳浦，其地西通潮、梅，北通汀、赣……。二畲皆刀耕火种，……”“畲”字在汉文史书中出现很早，“畲，三岁治田也”，意为新开垦之田。自《漳州谕畲》出现“畲民”称呼以后，其被各地史书采用。近代畲族居住为大分散小聚居，畲村多分布在山区县城及乡政府四周的山腰、山脚，高山区极少，平原也极少。畲民自称“山哈”，为“山上客人”之意，也是因为畲族多数住在山腰。

景宁设县于明景泰三年（公元 1452 年），兵部尚书孙原贞奏析青田县鹤鸣乡和柔远乡之仙上里和仙下里等地置县，取“景泰绢宁”之义，故名景宁。后几经撤并，1984 年经国务院批准以原景宁县地域建立景宁畲族自治县，是全国唯一的畲族自治县，也是华东地区唯一的少数民族自治县，设 21 个乡镇 1 个管理区 254 个行政村。目前全县有 44 个民族村，分布在鹤溪街道（10 个），包括：包凤村、浮丘村、旱塔村、双后降村、东弄村、周湖村（暮洋湖村）、惠民寺村、敕木山村、滩岭村及三枝树村；红星街道（6 个），包括：王金垟村、岭北村、岗石村、小金洲村、大吴山村、城北村；东坑镇（7 个），包括：大张坑村、吴山头村、竹埠村、何村村、马坑村、深垟村及桃源村；澄照乡（6 个），包括：张后山村、金丘村、四格村、米岩山村、东岱村、三石村；梧桐乡（4 个），包括：东源村、王山头村、林山村、秋兰村；大均乡（4 个），包括：伏叶村、泉坑村、李宝村、三格村；郑坑乡（7 个），包括：郑坑村、柳山村、吴布村及渤海镇安亭村、沙湾镇的张庄村、英川镇的新村和鸬鹚乡的驮戟村。景宁是“民间文化艺术之乡”，畲族文化璀璨多姿，歌舞、服饰、语言、习俗等别具特色。本研究在翻阅了大量畲族的史料及团队在为期一星期的实地调研的基础上，对畲族自治村的传统社会资本的类型进行了梳理。

二、景宁畲族自治村传统型社会资本的主要表现形式

1. 以家庭、亲族、宗族为核心的传统结构型社会资本

在畲族传统社会的共同体中，虽然不都是标准化、严格意义上的社会组织，但从某种程度上说，它们都具备一定的组织化水平，浙江景宁畲族的传统社会组织三要包括家庭、亲族、宗族（祠堂、族长、族规）、辈分、排行、秘语等方面，其中家、族为其核心部分。

家庭　宗族由家庭组成，家庭主要是一个生育单位和经济单位，通常作为宗族的一个分子单位而存在。畲族以家庭作为生产、生活和社会组织结构的基本单位，其家庭大多属于一夫一妻制的核心家庭。根据《景宁畲族自治县志》记载：“家庭组成有父系、母系、双系三类。父系妻从夫居，子女从父姓；母系夫从妻居，子女从妻姓；双系大多为女方是独生子，子女长从母姓，次从父姓。畲族家庭家长都是男子，但妇女享有与男子同样的继承权，家庭地位是平等的。中华人民共和国成立后，以父系为核心的家庭占多数……家庭中，家长居支配地位，对内主持、统管家庭事务，对外全权代表家庭参与宗族、村落的社会活动……”① 20 世纪 90 年代以后，畲族中核心家庭占绝大多数，家庭中尊老爱幼、赡养老人的优良传统蔚然成风，家庭关系融洽。

亲族　亲族是由家庭扩展而成的社会团体，它是由若干家庭以亲缘关系错综连接而成的，通常人们俗称的亲属、亲戚都属于这一范围，一般包括血亲和姻亲两大体系。血亲是父母子女、兄弟姐妹等有血缘关系的亲属，以及堂兄弟姐妹及其子女；姻亲是指通过缔结婚姻而形成的夫妻、亲家、妯娌、翁姑、岳父母等亲属。畲族的母系亲属，俗称“娘奶亲”，在亲属关系中极为密切，尤其母舅为诸亲中之至亲，俗语有“天上雷公，地上舅公”之说。② 畲族妻系亲属，俗称“归娘亲”，还有义亲、寄名亲等。义亲有纵向和横向两种，其中畲族和汉族的结义占

---

①《景宁畲族自治县志》，浙江人民出版社 1995 年版，第 117 页。

②邱国珍：《浙江畲族史》，杭州出版社 2010 年版，第 122 页。

相当的比重。

房和族 畲族以同姓近祖的家庭联结成“房”，若干房支又联结成“族”，从而形成一种具有亲近血缘关系的社会结构，人们在人际关系和社会整合方式中，非常重视这种宗族关系。

作为宗族的支派，房源于兴旺发达的大家庭，一个大家庭繁衍分支以后，便出现了房支，各个房支通常按长幼秩序依次称为“长房”“次房”“三房”……族，是房上一层的结构，由血缘关系较为亲近的若干房支组成，包含了家族、宗族等，族有族长、族规、祠堂，讲究排行辈分。祠堂是宗族特殊的建筑，是宗族历史资源与文化传统的浓缩，祠堂主要用于祭祀祖宗。

宗族在某种意义上来说，不仅体现了一种谱系结构，更深层次的意义，在于是一个聚落共同体或者是生活共同体。“所谓宗族，并不仅指系谱关系，在很多情况下它是指结合起来的各亲族家庭的聚落性生活共同体。……可以将宗族定义为具有父系亲族关系的各家庭之间形成的一种特定的聚落集团……”①

2. 以族谱、族规为载体的传统制度性社会资本

族谱 宗谱俗称“家谱”“族谱”，亦称“谱牒”“家乘”“家世类集”，是世代传统“家宝”，宗谱是宗族共同体存在的文字形式，反映某一支宗族一代一代繁衍发展的历史性文献记载。包括本族源流世系、族籍登记、先贤礼赞、界扯墓图及族规家训之类，“本族源流”和“先贤礼赞”编纂一些传说和历史故事，宣扬祖德，确记本族的社会名望和地位，用以感发子孙的崇敬之心和认同意识。

例如景宁鹤溪东弄村的族谱关于先祖的记载就用了“高辛氏”“盘瓠文化”，“高辛氏”是“三皇五帝”中的第三位帝王，即黄帝的曾孙，前承炎黄，后启尧舜，奠定了华夏根基，是华夏民族的共同人文始祖……“盘瓠文化”是我国民族文化的一个重要组成部分，勤劳勇敢聪明的苗族、瑶族和畲族在历史的长河中创造了这一珍贵的民族文化遗产，泸溪被誉为盘瓠文化的起源地……“蓝”姓是畲族其中一支宗族，从广东、江西、福建与雷、钟两族一起流动迁移。根据其族谱记载，蓝氏宗族其太祖蓝法亨公大位蓝小七十四郎，原是福建福州罗源县塔底官

---

①钱杭：《血缘与地缘之间：中国历史上的联宗与联宗组织》，上海社会科学院出版社2001年版，第342页。

坑住至万历七年(1580 年)迁入浙江处州府景宁北溪、彭坑、东弄居住，至今已有 430 多年之久，于嘉庆十三年间(1808 年)6 月 18 日，建有“蓝氏祠堂”一幢。① 族谱可以说是宗族结构谱系、社会关系的一个文字性的表现，通过族谱来整理各房各族的宗亲源流，这个整理过程，就是建立同姓各族历史联系的过程。

族规　族规用于约束宗族成员的行动，畲族许多宗支都有族规，或称“祖训”“条训规则”等，在长期的生活中，成为各宗族成员所遵循的习惯法，这种习惯法分为两种：一种是社会活动中不成文的规定；另一种是以文字载入族谱，作为宗族成员必须遵守的行为规范，综合畲族各宗支族谱记载，族规大致有以下内容：

①敬父母。父母乃生育至亲，奉养父母天经地义，忤逆者，轻则当众惩罚，重则族内除名。②和兄弟。兄弟姊妹应该情同手足，弱者互助，强者谦逊礼让。③慎交友。交友要慎重，以信为本，安乐与同，患难与共。④勤节俭。“历览前贤国与家，成由勤俭破由奢”，勤苦财生，俭者则财节之道，不得游手好闲，食他人，衣他人。⑤戒淫恶。淫者败坏门风，玷辱祖先，族人必戒之。⑥禁赌博。赌者坏人心事，短人志气，族内严禁之。⑦忌争讼，讼者，大则殒命，小则破家，族人忌之。⑧守安分，出仕受禄者，须恪守本职，不得贪污；居家肄业者，也应谨守本分，农工商各勤其事。⑨睦乡邻。乡邻之间要相亲相睦，财物不可独占便宜，不得因小忿而起争端，遇纷争者要竭力劝解，不可挑唆加剧纷争。⑩重丧祭。祖宗父母音容，不得不祭，清明、冬至务必祭扫于墓。畲族宗教信仰中，祖先崇拜占有核心地位，传统畲居每家都在中堂正位靠屏处设有祖宗牌位、香炉，逢年节祭祀，香火不绝。②

3. 以祖先崇拜、民俗节庆为机理的传统认知型社会资本

在景宁不少宗族都有成套的祭祀礼仪，代代相承，非常隆重。每年春节和旧历七月十五(俗称七月半)或者清明与冬至，各大祭一次。平常族人亦有进香、礼拜、许愿，祈求祖先庇佑，例如笔者在调查的过程中就发现景宁县鹤溪街

---

①浙江景宁鹤溪东弄村族谱，2012 年修。

②本文归纳的族规，除参考当地族谱外，也参考了邱国珍《浙江畲族史》(杭州出版社 2010 年版，第 128 页)关于畲族族规的介绍。

道东弄村的蓝氏祠堂，每年仲春仲秋月半举行祭祖一次。一个族群的认同，一般来说是通过共同的语言、组织、宗教信仰、风俗习惯和生活方式等要素表现出来。除了春节和七月半的祭祀仪式外，农历三月初三，每年此节，在畲族聚居的地方，常由村族中长者领头，进行隆重的祭祖仪式，还要吃以乌枝树叶浸染过的"乌饭"以示对祖先的怀念。"三月三，吃乌饭"，在这一天祭祀之后，四面八方聚集而来的男女还会进行各种形式的对歌活动。从某种意义上来说，"三月三"节庆风俗是作为和其他民族区别开来的、具有畲族自己特色的节庆活动而得到提倡，这种节庆，既体现了对祖先的纪念，从现实层面上来说，对歌活动又能促进人们之间的交往和情感的交流。

"节庆"一词，是"节日庆祝"或"节日庆典"的简称。节日，是指传统的庆祝、庆典、纪念或祭祀的日子。从某种意义上来说，如果现代的节庆活动体现了经济与文化的混合特征的话，传统的节庆活动则体现了一种文化特征。节庆是一种文化现象，所有的节庆都具有其独特的文化个性和文化共性。"有的是为了对某个风俗习惯的传承；有的是为了对某个事件或人物的纪念；有的是为了对某个农时节令的欢庆；有的是为了对某处迷人的风光的宣扬；有的是为了对某个神话传说的延续；有的是为了对某种宗教信仰的演绎……"①民俗节庆，主要包括岁时节日，主要是指与天时、物候的周期性转换相适应，在人们社会生活中约定俗成的、具有某种风俗活动的特定时日，不同的节日，有不同的民俗活动，且以年度为周期，循环往复，周而复始。节日是最能够反映本民族文化特质的核心要素之一：它凝聚力强，凝结着本民族的历史、氏族、宗族分支、宗教祭祀、农事生产、娱乐交际、知识技能的传授、伦理道德观念、审美情趣、服饰等各方面，这些具有地方性的文化现象，不论观念意识，还是日常行为模式、风俗习惯，都牢牢地凝结在节日文化之中，体现了地方文化特色与文化价值。畲族的节庆与汉族大体一致，但也有畲族自己特色的节日。例如新年的摇毛竹、除夕的"煨年猪"、"二月二"、上文提到的"三月三"等富有鲜明民族特色的节庆活动，还有四月初八"牛生日"、夏至后的"封龙节"、早稻成熟后的"尝新节"及名目繁多的"做福"等，都极具民族特色。由于篇幅原因，本文稍作介绍。这些节日体现了

---

①王重农：《现代节庆活动指南》，湖北教育出版社2002年版，第13页。

鲜明的农耕文化的特色和畲族特有的民族风情。

景宁畲族内蕴的丰富的传统社会资本，以家庭、亲族、宗族为核心的传统结构型社会资本；以族谱、族规为载体的传统制度性社会资本；以祖先崇拜、民俗节庆为机理的传统认知型社会资本，强化了畲族贵人伦、重亲情的礼俗，不仅巩固了人们的家族意识、血缘亲情，更使人们在天伦之乐中产生一种强烈的认同感和亲和力，为传统社会资本的转型积淀了深厚的基础。“一个共同体有多大的凝聚力和自信，取决于它有没有足够的认同文化，而认同文化几乎都是传统的（或许有新老传统之别），其中传统节日民俗是一个主要的部分……”①

三、传统社会资本的现代转换：以景宁畲族“三月三”节庆为分析对象②

“三月三”作为景宁畲族的传统节日，在 1984 年景宁成立自治县后，主要经历了三个阶段的发展历程，第一阶段是 2001 年以前的十多年，可以称为初始阶段，此时政府相关部门为宣传民族文化需要，鼓励一些畲族村落恢复相关活动，此阶段“三月三”称为“三月三畲族民间歌会”，这一时期的“三月三”具有较强民间性质；第二阶段是 2002 年到 2006 年，“三月三”成为党委、政府部门牵头的常规性活动，强调与旅游相结合，规模逐渐扩大，但在策划和操作上各有自身风格的组合型办节模式；2007 年之后是第三阶段，统一了“中国畲乡三月三”品牌名称、品牌标识，内容、形式上实行整体策划，联合实施，强调文化品牌营销和氛围营造的核心地位，形成了一体化的办节模式。畲族“三月三”作为传统民族祭祀庆典活动，全方位展示了畲族的宗教文化、体育文化、歌舞文化、饮食文化、服饰文化等民族文化形态。纵观 1984 年以后，尤其是 2001 年以后的“三月三”活

①高丙中：《对节日民俗复兴的文化自觉与社会再生产》，载王霄冰等主编：《传统的复兴与发明》，知识产权出版社 2011 年版，第 54 页。

②“三月三”活动的相关资料，本文访谈了景宁畲族自治县政府相关领导，并参考了景宁畲族自治县政协文史资料委员会编的《畲乡景宁实录》，2011 年编，以及景宁县政府网站近年来关于“三月三”活动的报道。

动,主要体现了以下特征:政府主导、市场化模式、原生态展示、群众性参与。

1.政府主导

从某种程度上来说,从1994年以来的"三月三"文化节的所有活动都是由政府组织、策划,并由政府负责的。"三月三"文化节被纳入政府工作,成为政府打造"中国畲乡"目标的重要组成部分。1994年,自治县设立十周年庆典,这次庆典活动是根据《民族区域自治条例》相关规定举办的,由县政府办公室副主任担任组委会办公室主任,负责活动组织;1998年景宁畲乡文化节,由县委宣传部副部长胡红斌担任组委会办公室主任,负责活动组织;2001年,县委、县政府为推动当地旅游业发展,决定举办一次大的旅游活动,由县旅游局局长麻益兵担任组委会办公室主任,为扩大活动影响,县领导专门赴京寻求支持,通过努力,国家民委同意作为主办单位,并确定中央民族歌舞团来景宁做专场演出,《人民日报》、中央电视台四频道和国家民委系统主要媒体组团来景宁进行宣传报道。自2001年起,"三月三"活动的影响力日渐扩大,到2007年,已经发展成一个运作体制较为成熟的活动:由县长担任组委会主任,分管书记、常委中的宣传部长、统战部长、公安局长、政府分管副县长为副主任,相关部门领导为组委会成员;宣传部为总负责单位,宣传部长为常务副主任。组委会下设办公室作为实际操作机构,设主任一名,一般由宣传部分管副部长担任,副主任兼各组组长若干名,通常由宣传、文化、民宗、旅游、公安、政府机关事务管理局等单位主要或分管领导担任,分别负责财务、演艺、经贸、民族、安保、后勤等主要工作。政府主导的"三月三"活动自此已经形成影响力和品牌化。2007年"中国畲乡三月三"暨中央电视台《乡村大世界》走进景宁,2008年"中国畲乡三月三"暨海峡两岸民族大联欢,2009年"中国畲乡三月三"暨大型畲族风情舞《诗画·畲山》,2010年"中国畲乡三月三"暨中央电视台《激情广场》走进景宁,2011年"中国畲乡三月三"暨电影艺术家采风景宁行·民族大联欢活动,2012年"中国畲乡三月三"暨"全国畲民网上共庆三月三",2013年"中国畲乡三月三暨第五届中国畲族民歌节"都体现了政府强大的组织和动员能力,有学者用嵌入理论视角专门分析了景宁畲族的三月三活动。①

2. 市场化模式

“三月三”活动不仅体现了政府主导的特征，而且也采用了市场化的运作模式。市场化模式的特点主要表现为：第一，“三月三”活动的目的是传承和发展畲族文化，同时也是为了发展当地经济，而旅游业则是一个因地制宜的路径。“发展旅游业已成为全县各族人民的共识”，“对民族文化进行旅游开发，使之产生良好的经济效益”。“三月三”活动在注重原生态文化展示的同时，也注重当地特色的农产品展示，例如 2011 年“三月三”活动，就包括：(1)各类特色酒、食用菌及其他绿色食品展示。(2)奇石、根雕、花卉展示。(3)金奖惠明茶炒制展示。(4)畲族手工艺品展示区。包括彩带、草鞋、畲族包、银饰品、竹篓(斗笠)、纺麻线、剪纸等畲族工艺品制作及展示。(5)畲家小吃品尝区。南瓜子、吊瓜子、咸菜、金奖惠明茶等特色产品品尝。这些畲族的有特色的农产品的展示，对拉动地方经济起到了推动作用。而旅游给景宁带来的经济效益很明显，景宁游客接待量由 2005 年的 45 万人次增长到 2010 年的 175 万人次，增长了约 2.9 倍；旅游总收入从 2005 年的 1.8 亿元增加到 2010 年的 7.3 亿元，增长了约 3.05 倍。

表 6-1　2005—2010 年景宁旅游接待统计

名称＼年份	2005	2006	2007	2008	2009	2010
游客量(万人次)	45	50.12	67	102.07	133.7	175
增长率(%)	60.1	11.4	33.68	52.05	30.98	31.18
旅游收入(亿元)	1.8	2.04	2.73	4.22	5.52	7.3
增长率(%)	73	10.8	33.82	54.6	30.8	32.24

数据来源：《景宁畲族自治县旅游发展“十二五”规划》。

从表 6-1 可以看出，旅游收入已经成为政府财政收入的一项重要来源，而旅游经济的增长，则主要是源于“三月三”文化节的推动作用。2006 年，举办中国

① 马威：《嵌入理论视野下的民俗节庆变迁——以浙江省景宁畲族自治县“中国三月三”为例》，《西南民族大学学报》(人文社会科学版)2010 年第 2 期。

畲乡“三月三”乡村旅游展，浙江电视台进行一个多小时的综合直播。2007 年“三月三”，中央台《乡村大世界》首次走进景宁，畲族风情节目在中央台首次完整播出。2008 年“三月三”，实现与台湾畲族首次互动联欢，中国海峡两岸促进会与景宁共同举办海峡两岸第四届少数民族联欢活动，畲乡风情在两岸媒体广泛传播。2009 年“三月三”，大型畲族风情歌舞剧《诗画畲山》成功推出，举办中华畲族服饰风格大赛，吸引了国内外众多媒体记者云集畲乡，竞相报道畲乡景宁独特的风土人情和经济社会发展成就。2010 年，中央电视台《激情广场》走进畲乡景宁，台湾南投县组织少数民族文化艺术团进行专场演出并全程参与，举行民族文化发展座谈交流，为畲乡旅游走出浙江、走向全国和世界，起到很好的宣传作用。

第二，在节庆活动的经费筹集方面，与企业和相关单位合作，走市场化运作的模式。在 2001 年，组委会办公室自筹资金 100 余万元，政府财政实际补助 20 万元；2004 年，则采取副处级以上领导责任分工模式进行筹资，相关企业、单位共筹集资金 300 余万元，实现办节资金完全自给；近年来“三月三”活动经费基本上都有相关企业和单位的支持与合作。

3. 原生态展示

“展示畲族文化，体现地方特色”成为“三月三”活动最主要的原则，畲族文化的开发和展示是节庆活动的重点，例如 1998 年的畲乡文化节，畲族民俗展示成为该节庆的亮点，此次的传统习俗活动，如传统婚俗、对山歌、功德舞、打年糕、织彩带等活动引发了来宾的关注。2011 年，“中国畲乡‘三月三’暨电影艺术家采风景宁行 · 民族大联欢活动”，活动内容主要包括：畲乡特色产品展示、畲族手工艺品展示、畲家小吃品尝、畲家趣味农活体验和民间风情表演；其中民间风情表演，主要有畲族风情表演、花鼓戏、傀儡戏等活动。2012 年“三月三”活动内容有，“畲乡乌饭节”活动，通过幸福团结宴，吃畲族特有乌饭，品畲乡特色饮食文化；集“畲族博物馆、畲族文化馆、畲族文化中心”三体于一身的“中国畲族博物馆”开馆仪式，向往来宾客展示馆中收藏的 2000 多件珍贵的从全国各地收集来的畲族代表文物。这些活动展示了畲族独特的民族民间艺术特征和民俗文化魅力。

4. 群众性参与

2012年的“三月三”活动畲乡盘歌会，通过以歌会友、以歌觅侣、以歌定情的盛大集会，以独唱、对唱以及集体盘歌等形式，彰显悠久的畲族歌舞传统文化；民族体育一条街活动，通过场面宏大的“千人押加”，技艺高超的“问凳”，趣意盎然的“摇锅”，淋漓尽致地表现了底蕴深厚的畲族传统体育文化；“云中大漈·传奇非遗”主题活动，举办“抢猪节”、绝技绝活表演、“大漈罐”陶艺制作体验等，再现大漈非遗文化的无限魅力；并且首次将“三月三”现场活动与互联网网上活动融为一体，网民通过浙江在线“三月三”官方网站中设置的动漫互动、微博大赛、网络直播等环节共同体验“三月三”节庆喜悦，真正达到普天同庆。2013年的“三月三”活动精彩纷呈，包括畲族原生态民歌大赛暨畲族非遗展示体验活动、网上共庆2013中国畲乡“三月三”活动、第七届畲乡传统体育节暨民族体育一条街活动、“民族团结林、两岸同心树”植树活动、海峡两岸青少年联谊活动、“先锋博友汇”走进畲乡“三月三”活动。这些活动，体现了群众性、娱乐性、艺术综合性与喜庆性等特点。

通过政府主导，市场化的运作模式，以及广泛的群众性参与，畲族原生态的民族文化得到了更有影响力的传承和发展，从社会资本的视角来看，则是传统社会资本适应现代社会的发展，实现了现代转换。至于这种机制运作过程中政府的强势推进与浓厚的商业氛围带来的影响，以及群众自主性组织机制的实现问题，作者将另文专述。

第五章和第六章通过对少数民族传统文化内蕴的社会资本及其转化在乡村治理中发挥的作用及其限度，探讨如何挖掘村庄传统的社会资本，及其在乡村治理中发挥作用，成为乡村治理的社区机制之一，这是一个重要的命题。

第七章　乡村社会组织与社区治理创新的发生机制

摘　要：本章分析了社区基金会的发展历史与特征，实地调研嘉兴秀洲区新塍社区基金会在社区治理中的创新作用，认为社区基金会可以有效撬动各种社会力量参与社区治理，有效整合各类社会资源，使许多社会问题在社区层面以慈善、公益、自治、互助的方式解决，缓和各种社会矛盾。新塍社区建立了由社区党组织、居委会、居民代表、社区社会组织、驻辖区单位等参加的社区发展委员会，从而促进了社区治理主体的多元化。社区基金会可以承接政府转移的社会职能，整合政府不同部门的资源，进行优化组合，为社区获得最大效益。社区基金会可以满足社区弱势群体福利需求、实施社区救助和社区照顾，成为社会保障体系在社区的重要补充。文章认为，社区基金会在社区治理中的创新是政府引导机制、市场助推机制及社区的自我维系机制三种力量综合的结果。

关键词：社区基金会；社区治理；创新机制

一、社区基金会的发展历史与特征

1. 社区基金会的发展历史

社区基金会，是指利用自然人、法人或者其他组织捐赠的财产，以从事社区公益事业、参与社区治理、推动社区健康发展为目的，按照《基金会管理条例》规定成立的非营利性法人。[①] 1914 年，美国银行家弗莱德里克·高夫在俄亥俄州克利夫兰市建立了第一个社区基金会，将银行闲置的信托资金和社区内的慈善捐赠汇集成永久性捐赠基金，并组建资助委员会决定资金流向，根据社区需求把钱用在需要的地方。发展到后来，社区内部的成员也可以根据需要，加入到这个社区基金会中来，建立属于自己的基金，由社区基金会进行统一管理。按照国际惯例，社区基金会中的“社区”并不是一般意义上理解的居住社区的意思，也不是通常所说的社区居委会或工作站的地域范畴，而更多的是“区域”或“地区”的概念。在美国，一个社区基金会，可能辐射一个郡、一个州、甚至几个州、一个片区等。[②] 因此，社区基金会的核心不在于区域的大小，而是强调“本地”的概念，利用本地资源，依靠本地利益相关者，提出本地解决方案。经过 100 多年的发展，社区基金会在四大洲 50 多个国家落地，全球共有超过 1750 家社区基金会。[③]

我国对于社区基金会这一概念的认知始于 2008 年，尽管起步时间较晚，但其发展仍具备不可阻挡的必然性。根据基金会中心网的统计，截至 2016 年底，我国正式注册的社区基金会的数量已经达到 58 家，其中广东和上海两个地区社区基金会的数量在全国处于领先地位。天津、重庆、北京、江苏等地也相继开始有社区基金会出现。[④] 从各地实践来看，我国的社区基金会主要分为公募和非公募两种类型，前者面向公众募捐，后者不得面向公众募捐。就具体运作而言，社区基金会一般设有理事会和监事会，理事会和监事会人选体现社区代表性，主要由捐赠人、发起人、基层群众性自治组织代表、社区居民代表及街道（乡镇）代表等组成。社区基金会资助或开展公益项目时，都会广泛收集社区需求信息，充分听取社区各方建议和意见，确保公益项目符合社区发展需要[⑤]。基金会的各项工作注重公开透明，并接受捐赠人、受益人及其他社区居民的监督和评价。可以说，社区基金会在我国虽起步较晚，但正在逐步走入各地社区治理

---

①魏铭：《社区基金会在社区治理中的角色研究》，华南理工大学硕士论文，2017。

②林发琛：《社区基金会研究综述》，《中共合肥市委党校学报》2017 年第 7 期。

③同①。

④宋晓晓：《社区基金会参与社区治理的作用研究》，中国矿业大学硕士论文，2017，第 13 页。

⑤国务院 2004 年 3 月颁布，2004 年 6 月实行：《基金会管理条例》第三十条。

实践中，并且受到了越来越多的关注。

2. 社区基金会的特征

简单地来看，基金会要做的事情可以分为三大部分，即“资金筹集”“资金管理”和“资金使用”，就是钱怎么来，怎么管，怎么花，围绕着钱的这三部分构成了基金会的“形”①。社区基金会与一般基金会类似，其运作也与钱的这三个方面相关。而社区基金会的“魂”在于社区居民的共同参与，这一灵魂应渗透社区基金会运作的始终，即基金会所有的关乎资金的“形”都应体现社区参与这一“魂”。社区基金会作为本地资助者、本地问题回应者、社区议题倡导者、慈善资源管理者、跨界合作推动者之所以受到越来越多的欢迎，主要在于其在整合社区资源、解决社区问题、促进社区融合、推动社区自治等方面具有的独特魅力。即“本地资助者、本地问题回应者、社区议题倡导者、慈善资源管理者、跨界合作推动者”是其重要特征。

二、嘉兴秀洲区新塍社区基金会的运行管理

浙江省的社区基金会目前还在起步阶段，全省数量不超过 10 家，笔者重点考察了其中非常具有代表性的嘉兴秀洲区“新塍社区发展基金会”。② 该基金会的前期资金来源以政府财政资助为主，前期政府投入资金 300 多万元，后期企业注资 700 多万元，目前基金会资金已有 1000 多万元。新塍社区发展基金会属于非公募基金会，是独立法人，从事社区发展公益活动。

1. 组织架构

新塍社区发展基金会运作模式为政府和企业合作，运用市场机制推动社区发展，该基金会有完善的治理结构和议事规则。整个基金会的决策机构是理事会，理事会负责选举、罢免理事长、副理事长、常务理事，聘任秘书长、常务副秘

① 徐宇珊、苏敏群:《社区基金会的“形”与“神”》,《中国社会组织》2015 年第 3 期。
② 新塍社区的前身是嘉兴秀洲区的新塍村，因此新塍社区是一个典型的乡村社区。

书长等；为加强对理事会的监督，基金会还设立了监事会，监事会有3—7名监事。监事依照章程规定的程序检查基金会财务和会计资料，监督理事会遵守法律和章程的情况。监事列席理事会会议，有权向理事会提出质询和建议，并应当向登记管理机关、业务主管单位及税务、会计主管部门反映情况。监事会指定一名监事担任审计师，负责对基金会的财务和项目工作进行监督和审计，将监督和审计结果报告监事会并送理事会。秘书长和常务副秘书长负责执行理事会的各项决策并协调基金会的各个部门开展工作。整个组织架构如下图。

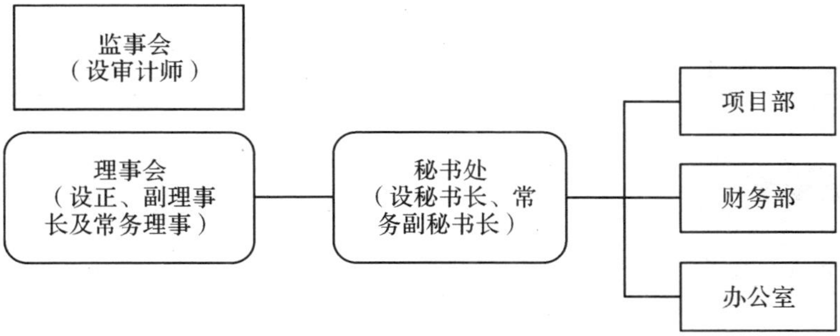

图7-1　新塍社区发展基金会组织架构

2. 管理规章

社区基金会的有序发展和管理离不开各项规章制度的保障，根据《基金会管理条例》的要求，每家社区基金会都需要依据该《基金会管理条例》要求制定自己的社区基金会章程和各项管理的规章制度。嘉兴新塍社区基金会章程由八章内容组成，基金会章程明确了基金会的名称、宗旨、目标、注册登记的管理机构和时间、地点，业务范围、组织机构和负责人，监事和监事会，基金会的财产如何管理和使用及章程修改事宜，具体如下表所示。

表7-1　新塍社区发展基金会章程①

社区基金会章程内容	
第一章	基本情况（名称、宗旨、目标、原始基金数额、登记机关、地址等基本信息）

①表格内容严格依据新塍社区发展基金会2014年10月9日第一届理事会一次会议上通过的《嘉兴市秀洲区新塍社区发展基金会章程》整理而成。

续 表

社区基金会章程内容	
第二章	业务活动范围
第三章	组织机构、负责人(理事会的职权与结构;理事的资格、产生和罢免、理事的权利和义务;理事会会议的规则及理事会中相关人员的任职资格等)
第四章	监事和监事会(监事和监事会主席的产生和罢免、监事的权利和义务等)
第五章	财产的管理和使用
第六章	终止和剩余财产处理
第七章	章程修改事宜
第八章	附则

3. 资金管理办法

为使基金会的资金管理和使用规范化、制度化,新塍社区根据《基金会管理条例》和基金会章程,制定了非常明确的资金管理办法。管理办法中对于基金会资金来源、资金存放与保管、资金使用原则和范围及资金使用审批程序都做出了详尽的规定。不仅如此,管理办法中还强调资金的捐赠要坚持自愿原则,同时也明确提出,基金会应当按照合法、安全、有效的原则实现基金的保值、增值。要严格执行财经纪律和政策规定,接受财政、审计及业务主管部门的监督。每年审计一次,并向社会公布,接受社会各界的监督。①

三、嘉兴秀洲区新塍社区基金会在社区治理创新中的作用

基金会的宗旨为传播社区发展理念、推动社会多元参与、创新社会体制机制、探索政社合作模式,通过社会机制主导,实现社区经济、社会、文化、生态和社区治理可持续全面发展。新塍社区基金会的目标为支持和参与新塍"全国社区治理与服务创新实验区"建设,运用创新实验的理念、经验,推动相关法规政策、体制机制

①《嘉兴市秀洲区新塍社区发展基金会资金管理办法》,2014 年 10 月 9 日第一届理事会一次会议通过。

的完善与进步，促进嘉兴乃至浙江社区的可持续全面发展。通过笔者的考察和调研发现，新塍社区基金会在社区治理创新中发挥了如下三个方面的作用。

1. 促进了社区治理主体的多元化

当前我国基层政府在促进社区治理和提供社区公共服务方面存在很多问题，其中最突出的就是能够提供服务的主体过于单一，长期以来基本上都是由政府来承担所有的社区治理和公共服务职能。由于缺乏多种社会主体的参与，社区服务力量严重不足，而新塍社区基金会的创立就有效地促进了社区治理主体的多元化。

在社区基金会的资金支持和依托之下，新塍社区建立了由社区党组织、居委会、居民代表、社区社会组织、驻辖区单位等参加的社区发展委员会，通过社会组织入社区，实施关爱独居空巢老人、关爱留守儿童、关爱新居民、关爱残疾人、推进自治家园志愿服务等社会工作服务活动 400 多场，受益人数 8 万多人次。同时，出台了社会机制主导的志愿服务激励政策，建立了志愿服务时间银行，实施了积分制管理、星级化认定、阶梯式激励等多样化的激励模式，有效激发了社区居民参与志愿服务的热情，目前有记录的志愿服务时间已达到 4000 多小时，参与人次达 1000 多次。① 新塍社区不再是政府单兵作战，企业、社区社会组织、社工和社区居民都被有效地纳入到了社区治理结构中，成为提供社区公共服务的主体。

2. 构建了多样化参与平台

社区基金会可以有效撬动各种社会力量参与社区治理，有效整合各类社会资源，使许多社会问题在社区层面以慈善、公益、自治、互助的方式解决，缓和各种社会矛盾。同时，社区基金会作为一种社会组织，在项目运作中发扬民主、广泛协商，在政府主导、社会多元主体共同参与的治理新体系中，发挥了积极的补充、促进作用。

新塍社区成立了本土社工机构"新塍镇家庭社会工作服务中心"（简称"新

---

①新塍镇政府：《新塍镇创建"全国社区治理和服务创新实验区"工作介绍》，2017 年，第 3 页。

塍社工”)，通过发挥“新塍社工”在项目开发、资源对接、专业辅导等方面的优势，培育、孵化了 32 个社区社会组织，并创新了社会组织联合会管理模式。通过统筹，把众多的社会组织无序化活动变成有序化行为，防止了服务不均、争夺资源、相互扯皮等情况，初步形成了互助合作、共建共享的社会组织生态环境。目前，在“新塍社工”的带动和引导下，社会组织活力增强，统筹开展公益服务。新塍实现了“居民从不知道什么是社会组织到自发成立社会组织”的跨越性转变，有效扩大了社区治理的参与平台，补充了社区服务力量。

3. 打造承接政府职能的新载体

社区基金会可以承接政府转移的社会职能，整合政府不同部门的资源，进行优化组合，为社区获得最大效益。社区基金会可以满足社区弱势群体福利需求、实施社区救助和社区照顾，成为社会保障体系在社区的重要补充。

新塍社区基金会建立了“五位一体”的社区协商机制，出台了志愿服务激励办法，实施了政社联动的“社区微动力”治理服务项目。先后推进社会工作服务项目 39 个，使空巢独居老人得到援助，留守儿童得到关爱，困难家庭得到帮扶，先后破解小区卫生、公共安全等治理难题 20 多个，协商成立社区“爱心食堂”1 家，组织各类服务活动 400 多场，受益人数 8 万多人次。① 这些使得新塍社区基金会真正成为承接政府职能的新载体，不仅缓解了政府压力，也达到了为本地居民提供社会公共服务的初衷。

四、嘉兴秀洲区新塍社区基金会在社区治理创新中的发生机制

新塍镇自 2014 年 1 月被民政部确认为全国唯一一个以乡镇为单位的实验区，以居民多层次、多元化服务需要为导向，通过多种机制创新和社会力量参与的多元共治，有效推进了社区治理、社区协商，形成了社会组织不断壮大、自治组织活力不断增强、居民群众广泛受益等共赢的局面。通过笔者的实地调研发

①新塍镇政府:《秀洲区三个创新，打造社区治理新塍样本》，2017 年，第 2 页。

现,社区治理创新得以达成的主要机理在于三个方面。首先要由政府构建良好的引导机制,其次要激活公共服务的市场化竞争机制,最后要全面盘活社区的自我维系机制,由此实现良性的正向循环。即政府引导机制是基础,市场助推机制是保障,社区自我维系机制是巩固。

1. 基础:政府引导机制

上海交通大学中国公益发展研究院院长、教授徐家良认为,为了改变社区行政化的状况,满足社区居民多种需求,需要改革政府管理体制,改变组织化形式,激发社区居民参与的热情,还社区宜居、和谐和繁荣的环境,有必要根据社会发展趋势,选择另外一种战略思路,那就是社会化的运作机制。① 事实上,自从党的十八大以来,党中央对社会组织工作就已经提出了一系列新思想、新论断和新要求。中办、国办下发的《关于改革社会组织管理制度促进社会组织健康有序发展的意见》,旗帜鲜明地提出要大力培育发展社区社会组织。中共中央、国务院《关于加强和完善城乡社区治理的意见》要求不断拓宽城乡社区治理资金的筹集渠道,鼓励通过慈善捐赠、设立社区基金会等方式,引导社会资金投向城乡社区治理领域。②

在这些指导方针下,社区基金会的发起方式多种多样,但是无论何种方式,都是政府主导,其他社会组织或企业、个人为辅助。这是因为我国的基层社会组织和社会资本还较为薄弱,各种社会组织资金匮乏、社会认可度低、合法性弱,难以独立承担提供公共服务的工作。因此,由政府率先推动和发起的社区基金会,不仅给参与的各种主体提供了身份合法性的保障,也有利于吸纳企业和个人的参与,由此既有利于促进企业的社会责任和公益精神的发挥,也有利于促进居民的自主参与,为后续的社区自治打下坚实的基础。

2. 保障:市场助推机制

政府引导机制的最终目的还是要激活公共服务的市场化竞争机制,即用基

---

①赵晓明:《社区基金会如何畅通居民参与的"源头活水"》,《中国社会组织》2017 年第 19 期,第 26 页。

②同上,第 27 页。

金会的资金购买社会组织提供的公共服务，借用市场的竞争机制，促进各种社会组织的充分发展，提供优质和廉价的公共服务，有力地避免由政府提供公共服务所常常导致的低效和资源浪费。在配给公共服务过程中，市场是更加有效率的主体，但是缺乏约束的市场又可能导致混乱和无序。因此，在政府引导下，以类似于政府采购的方式购买公共服务，使得社区的各种社会组织有更加明确的发展目标和服务导向，摆脱了自身发展的无序性和无目的性。即市场助推机制的高效率是提升整个社区治理水平的重要保障。

3. 巩固：社区自我维系机制

政府引导机制和市场助推机制只是确保了社区治理创新的萌生和出现，由于政府只是引导者，在目的达成后政府的功能必然要不断弱化并逐步退出。因此，如何确保这种社区治理创新的格局能够持续下去，能够独立运转，不再依附于政府的保护和管理，是必须要面临的问题。笔者研究发现，由于社区基金会可以有效撬动各种社会力量参与社区治理，有效整合各类社会资源，使许多社会问题在社区层面以慈善、公益、自治、互助的方式解决，缓和各种社会矛盾。社区居民和社区组织在深刻体会到社区基金会的强大力量和作用的同时，也极大地生发了参与的热情。即社区基金会构建了一个广大社区居民及各类社区组织、企业参与交流社区事务的新平台，又由于这是一个互助共赢的平台，平台成功搭建之后，只要公民持续参与，后续的维系和发展就会自然达成。即，平台的创立已经从根本上改变了整个社区的治理结构，盘活了社区的社会资本，生发了社区的自我维系机制。当然，社区基金会要想保住自身的良性、长久运转，必须要保持募资的不间断，广大公民的持续参与，这些都需要社区基金会根据自身优势和特点吸引社会资源和社会资本来加以维护。

综上所述，嘉兴秀洲区新塍社区治理创新的发生机制包含了不可或缺的三个方面，即政府引导机制、市场助推机制、社区自我维系机制。三者互相助推，突破了旧的、传统的、单一的政府垄断的公共治理模式，实现了社区多元主体协商共治的新局面。

五、推广社区基金会的政策建议

新塍社区基金会的成立,前期是政府出资并引导建立的,后面企业跟进,属于政府主导型,在乡村社区治理创新中发挥了重要作用,在参考新塍社区基金会的基础上,我们认为,如果要进一步推广的话,可以从以下方面进一步完善:

1. 精准定位社区基金会在社区治理中的功能

综合学者阐述和政府对社区基金会的定位,借鉴各地及新塍的做法和经验,社区基金会的主要功能是社区公益的支持型社会组织,其使命和价值是构建本地化的社区公益支持体系,将社区居民、社区精英、社区企业、社区内的非政府组织、社区居委会及基层政府和党委有机联系起来,形成一个社区公益网络和社区公共服务支持体系,其功能可以逐渐拓展为资源平台与社区领导者的角色。

2. 积极立法,完善相关管理政策,为社区基金会的发展营造一个有序而稳定的法制和政策环境

目前关于基金会管理的法律文件主要为国务院 2004 年 2 月通过、2004 年 6 月实行,并于 2016 年修改的《基金会管理条例》,对社区基金会成立的注册标准非常严格。建议浙江省推行社区基金会时,社区基金会注册标准应该参考当地的经济水平,因地制宜,适当降低社区基金会成立的资金准入门槛,而对其具体运作过程进行监管,例如对财务使用情况,对其活动是否关注公益目标进行监察。同时完善相关的管理政策,进一步加强对社区基金会的支持和指导,关注社区基金会成长。

3. 在社区基金会的具体运作层面,依法多渠道筹措资金,探索多样化的运作模式

从目前各地的实践来看,社区基金会资金来源以政府主导居多,也有来自企业和一些精英人士及居民，可以进一步引导企业从合理的利润中捐献，借鉴美国发展社区基金会的做法，对企业的捐赠进行减税并以法律的形式确定下来，这样可以激发企业捐赠的积极性并形成良性循环；也可鼓励居民捐献爱心，使社区基金会筹资渠道多样化；同时探索多样化的社区基金会运作模式，设计成立多种类的社区基金会，在基金会内部探索设立多样化的冠名资金和专项基金，例如指定基金、兴趣领域基金、非限定基金、捐赠者建议基金、机构基金、奖学金基金等。

（张国芳、吴雨欣）

第八章　乡村社会资本与村庄治理的转型

本章通过宁波和湖州德清的案例来阐述社会资本在乡村治理转型中的作用,社会资本在社区赋权、多元主体互动中发挥着重要的凝聚和联结作用。

案例一、社区赋权与社区营造——基于宁波奉化雷山村的案例

摘　要:在工业化和城市化以及城镇化的背景下,乡村社区建设仍然面临着许多问题:村庄潜在资源缺乏开发与整合,村庄发展缺乏专业人才规划与推动,村民参与意愿不足,村庄发展的主题不明晰等,村庄发展面临着分散化与碎片化的问题。如何解决上述问题?社区赋权理论贯穿社区营造实践的始终,强调通过纵向的权力下放与能力培育,激发社区主体的积极性与自主性;社区赋权强调社区内横向的资源整合与互补,增强社区内生力量,并在制度上衔接基层政府治理,实现在地能力与权力的活化,能解决当前村庄在发展中面临的分散化与碎片化的问题。本章在梳理当前社区赋权与社区营造的文献基础上,通过对个案村落调研,从宁波奉化雷山村的社区营造过程出发,分析其社区赋权的内在机理,进而从地方政府、村民、专家、"多元主体互动"网络、在地资源活化等方面分析其特征;并从建构多元互动主体网络,实现在在地化发展与可持续发展等方面为中国乡村社区建设提供了可供借鉴的经验与选择路径。

关键词:社区赋权;乡村社区营造;多元互动主体网络;可持续发展;在地化发展

近些年，乡村社区建设在政府、乡村社会组织、村民、专家学者的共同努力下，进步显著。但是在工业化和城市化以及城镇化的背景下，乡村社区建设仍然面临着许多问题：例如村庄潜在资源缺乏开发与整合，村庄发展缺乏专业人才规划与推动，村民参与意愿不足，村庄发展的主题不清等，村庄发展面临着分散化与碎片化的问题。在有关西方社区治理理论中，社区赋权理论已在诸多乡村社区建设中予以实践，且形成系统的理论。目前行政主导下的乡村社区形成福利依赖、社区行政化与横向整合能力的弱化等后果。因此，发展农村社区内生力量将是我国下一阶段社区建设的重点，而这与社区赋权不谋而合。社区赋权强调通过纵向的权力下放与能力培育，激发社区主体的积极性与自主性，增强社区内横向的资源整合，促进社区的自生能力，并在制度上衔接乡村治理的功能，实现在地权力的"活化"。社区赋权理论在我国的乡村社区的应用，无疑是强调活化在地主体的能力，激发社区活力，建设一个属于村民共同体的、有情感、可持续的、村民自主的社区。

一、社区赋权与乡村社区营造的文献梳理

(一)关于社区赋权的相关研究

20 世纪 70、80 年代，受西方黑人民权运动与女权运动的影响，"赋权"概念在西方兴起，并依靠各种批判式的社会运动而发展。"赋权"思想是民主观念在政治机构及公民参与决策上的具体化。早期"赋权"概念的应用主要在心理建设方面，情感、行为与认知因素是赋权的基础。卡洛琳与格洛丽亚(Carolyn Swift and Gloria Levin)认为赋权包含两个层面的意思，一方面是在个人层面能够掌控其生活，其次是社区层面的民主参与；另一方面是指受个人控制的心理感觉与社会影响、政治权力和法律权利的关注，是一个应用于公民个体、组织与邻里的多层次的观点。① 格伦(Glenn Laverack)认为赋权开始于个人行为，进

①Carolyn Swift and Gloria Levin, "Empowerment: An Emerging Mental Health Technology," *Journal of Primary Prevention*, 1987(8), pp. 1-2.

而发展成团体、组织的小型互助活动，并最终演变为社会与政治活动；他从提升健康结构的文献中，将社区赋权归为以下九个维度：参与、以社区为基础的社会组织、地方精英、资源调动能力、质疑精神、问题评估、与其他居民或组织的联系、外部代理人的角色与方案管理。①刘弘煌用五个相互关联的赋权维度与价值进行相对应的解释：(1)自信的——学习，是指通过学习来提升居民的技能、知识，从而增加自信。(2)包容的——公平，意识到偏见的存在，提倡机会平等与各组织之间的良好关系的建立。(3)有组织的——参与，组织与团体是开放、民主与有责任的，激励民众参与公共议题。(4)有协作精神的——合作，共同工作可以发展与保持社区中的合作伙伴关系。(5)有影响力的——社会公正，鼓励与强化社区参与与影响决策、服务与活动。②

学者刘宝从农村社区建设的实际出发，从能力基础、能力主体、能力结构三个方面入手，通过培育社区意识、培植社会资本、夯实农村社区能力建设的基础，提升社区农民、社区精英和社区组织三类主体的能力，培养社区在资源获取、问题解决、服务供给与方案规划等方面的能力。③ 范斌关于弱势群体增权的文章中，认为弱势群体可从个体增权、人际关系增权与社会参与增权三个层次进行增权，并在此基础上探讨了“主动增权模式”与“外部推动增权模式”的关系与适用性。④ 道格拉斯与马克认为赋权包括过程与结果，且在不同情景下定义不同：以社区为中心的赋权是有针对性的发展过程，人们通过获取与控制有价值的资源来实现社区居民间的尊重、批判性的反思、关心，团队参与的过程；简单而言就是人们掌控自己的生活的过程，并在社区中实现民主参与。赋权建设的基本元素是通过与他人共同参与去实现目标，努力获取资源，对社会政治环

---

①Glenn Laverack, “Improving Health Outcomes through Community Empowerment: A Review of the Literature,” *Centre for Health and Population Research*, 2006, 24(1), pp. 113—120.

②刘弘煌：《多元化与因材施教的社区培力》，《台湾社区工作与社区研究学刊》2016 年第 2 期。

③刘宝：《农村社区建设的范式转换与实践路径——基于社区能力构建的视角》，《福建论坛》(人文社会科学版)2013 年第 6 期。

④范斌：《弱势群体的增权及其模式选择》，《学术研究》2004 年第 12 期。

境进行批判性的反思。①

(二)关于社区营造的相关研究

各国的社区运动缘起于“二战”结束后，各国面临众多社会、经济问题，而政府能力有限，难以全面支持。而以社区为单位的居民自发行动，不仅能有效缓解社会矛盾，提高社区居民的生活质量，而且还能对政府的职能进行有效的补充。作为一个对应于创造、再生文化生活价值机制的策略，“社区总体营造”主要是在于透过社区居民的讨论、组织、行动，先由外部政策的带领刺激、引发居民对自我权利与地方事务的关心，再渐进式地由民众来主导社区营造的进行，使一个地方与社区重新恢复生机与活力。② 梳理社区营造的相关文献，发现目前社区营造呈现以下特点：

第一，从“社区营造”的历史变迁过程，概括社区营造的特点、主要内容及未竟问题，为大陆社区营造的实践提供经验教训。王桂亭回顾了社区营造 20 年的历史，将中国台湾社区营造政策转变概括为三个关键词，即文创、赋权、参与。文创，就是从文艺活动到文化创意的演变；赋权，就是权力观念的转化；参与，就是从“泛政治化”向生活美学的回归。③ 王茹对中国台湾社区政策的历史变迁进行介绍，从早期的社区发展政策、社区回归与社区总体营造出台的背景，介绍不同主体在社区营造的地位和社区营造的本质。④ 丁康乐等人在介绍社区营造的发展历程的基础上，介绍社区营造的内容、机制、制度保障，并分析社区营造的困境，最后为大陆的社区规划提供可借鉴的启示。⑤ 刘晓春从社区营造的缘起说起，在充分理解其概念、目标、原则的基础上以中国台湾地区“社区营造”的实践与经验，介绍传统乡镇、传统农村、城中村、少数族群聚居区及环境低劣地区的社区营造实践，为当前中国大陆城镇化过程中的非遗保护带来启示。苗大雷

①Douglas D. Perkins, Marc A. Zimmerman, “Empowerment Theory, Research, and Application,” *American Journal of Community Psychology*, 1995, 23(5).

②台湾“行政院文化建设委员会”：《台湾社区营造的轨迹》，1999 年。

③王桂亭：《台湾社区营造政策 20 年发展刍议》，《台湾研究集刊》2016 年第 1 期。

④王茹：《台湾的社区总体营造及评析》，《台湾研究集刊》2004 年第 2 期。

⑤丁康乐、黄丽玲、郑卫：《台湾地区社区营造探析》，《浙江大学学报》(理学版)2013 年第 6 期。

等人重新检视中国台湾社区营造的历史进程，发现其在发展历程、变迁方式、参与主体上呈现渐进性、诱致性和多元化的特点，且在现阶段依旧存在社区参与水平不高、主题重叠但分化明显、社区自主性不强等未竟问题，从社区建设的实现目标、突破重点和实施策略等方面为大陆社区建设提供历史借鉴意义。①

第二，多主体的参与是实现社区营造的前提，不同参与主体在社区营造中发挥不同作用。霍修浩着眼于社区服务中心在社区营造中发挥的作用，选取深圳市L社区服务中心为研究对象，在对其总体概况进行介绍之后，分析其发挥的作用与面临的问题，并从人文地产景五个方面为社区营造下社区服务中心提出发展策略。② 胡澎从日本社区营造的历史出发，说明日本社区营造中的市民参与程度不断加强，市民参与向市民主体发展，市民、市民组织、非营利组织的活力争相迸发，进而与政府、企业共同协商，共同建设良好的生活空间。③ 同时，他认为非营利组织承担着重要的角色，弥补了日本社会结构和体制的一些弊端。④

第三，文化建设是社区营造的切入点，文化不仅有助于建设社区的共同意识，而且文化产业化与产业文化化是社区发展的动力。李雯雯介绍中国台湾社区营造的文化认同构建的背景、方式、主体，并在此基础上提出文化认同构建带来的效应与挑战，并从构建主体、构建内容、构建方式等方面总结实践经验，为大陆城乡建设和文化建设提供参考和借鉴。⑤ 赵容慧等人以中国台湾台南土沟社区营造为例，提出艺术介入农村社区营造的一种新的方法，构建以艺术介入为策略，以多元主体协作为核心，以永续发展为目标的新农村社区营造框架，并从规划模式、规划方法、规划主体三个层面提出建议。⑥ 蒋依娴等人将乡村社区

---

①苗大雷、曹志刚：《台湾地区社区营造的历史经验、未竟问题及启示》，《中国行政管理》2016年第10期。

②霍修浩：《社区营造下社区服务中心的发展状况研究》，安徽大学博士学位论文，2016年。

③胡澎：《日本“社区营造”论——从“市民参与”到“市民主体”》，《日本学刊》2013年第3期。

④胡澎：《非营利组织在日本社会治理中的作用》，《社会治理》2015年第1期。

⑤李雯雯：《“扎根”：台湾社区营造中的文化认同构建》，华中师范大学博士学位论文，2014年。

⑥赵容慧、曾辉、卓想：《艺术介入策略下的新农村社区营造——台湾台南市土沟社区的营造》，《规划师》2016年第2期。

营造与文化相结合，以中国台湾溪头妖怪村作为文化创意乡村社区营造的典型，借助扎根理论和实地访谈的研究方法，介绍妖怪村发展的内在机理，并从中提炼出“传说文化资源挖掘—文化符号化—文化产业化—商圈化—社区化”的乡村社区营造模式，为基于文化创意的乡村社区营造提供借鉴意义。① 魏成以中国台湾地区的古迹保护为案例，论述20世纪90年代以来社区总体营造和文化政策转变对古迹保护的影响，将过去相对保守与静态的保护观念向主动、自下而上的观念转变；同时，中国台湾地区古迹保护日趋成熟的案例为大陆古迹保护工作提供借鉴。②

第四，社区中的空间，是社区居民生存的场所，也是文化、共识建设的依托。对社区空间营造的研究，是美化生活环境和改善生活质量的基础。张智强介绍社区营造的发展历程并借鉴中国台湾与日本社区营造的经验教训，在对厦门市集美区城中村进行调研的基础上，以人文地产景为切入点，分析社区实体空间与精神原则，并提出城中村社区营造模式下的社区更新建议。③ 彭予欢等人从历史街区公共空间改造模式入手，通过对淡水老街中福佑宫庙埕广场和观潮广场两处公共空间改造的分析，论述了社区营造作为一种设计方法对历史街区转型的可行性。④

二、社区赋权的形式与内涵解析

社区赋权是社区(community)与赋权(empowerment)两个词组成的。就两个词的结合来理解，社区赋权是以社区居民为中心的，在社区场域内进行的社区活化的过程；也就是指在社区这个特定空间内，激活居民的能力，提高居民对

①蒋依娴、王秉安：《传说文化创意与乡村社区营造模式探析——以台湾妖怪村为例》，《福州大学学报》(哲学社会科学版)2015年第2期。

②魏成：《社区营造与古迹保护——20世纪90年代以来台湾地区古迹保护的经验与启示》，《规划师》2010年第2期。

③张智强：《“社区营造”模式下的农村社区更新研究》，厦门大学博士论文，2013年。

④彭予欢、蒋龙波、黄瑞茂：《台湾淡水老街在社区营造模式下的公共空间设计》，《山西建筑》2016年第22期。

社区的认同感进而积极参与社区事务，社区从地理上的集合发展成为心理与情感上的集合体。要促成这些要素的转化，就是要建构其社区意识，并建构将自在的社区转化为自为的社区的政治过程，这也就是经由社区培力重新定义社区的过程。而本章结合中国国情，认为社区赋权是纵向的放权与横向的能力培育相结合。

1. 放权：社区赋权的层次

(1)形式赋权。

形式赋权是指公共部门对民众所做的决策制定，提供民众参与的制度，也就是说，形式赋权不仅包括国家政策、法律法规，也包括地方政府的规章制度与规范性文件，总而言之就是政府部门的政策性支持。这种政策支持的对象除了民众，还包括相关的社会组织，辅导这些对象进行参与。但仅仅就形式赋权而言，政策性的支持不能就某个议题而直接增加民众的能力，但是会为社区赋权提供资源，将社区赋权置于一个开放包容的社会环境之中，使其有机会与社会、市场甚至是政治力量相结合，以此保证社区赋权的顺利进行。

(2)组织赋权。

组织赋权是指居民借助参与社区组织的活动而增强能力，进而促进社区整体的能力建设。当下的社区组织，主要可分为正式组织与非正式组织两种。正式组织是指稳定的、机械的、科层的社区组织，主要包括社区居委会、业主委员会等。这类组织虽为社区自治组织，活动参与也以自愿为前提，但带有官方性质，其主要工作是对接基层政府的公共服务供给功能，带有行政色彩。非正式组织，主要是指居民基于共同的利益或目的自发组织的，科层性低，信息和控制可以是分散的社区组织，包括社区志愿者、居民兴趣小组等都是如此。这类社区组织规定与限制都比较少，参与成员、活动范围也相对灵活，对于社区中的新鲜事物可以灵活应对。将这两者在组织结构与参与形式上的区别先放在一边，民众的参与始终是社会组织发挥作用的前提，而民众借助共同参与可以加深情感交流，培育共同意识，社区组织只有居民的参与才能激发活力，进一步培育组织能力、领导能力、发展高质量的社区活力，增强社区居民的幸福感。

(3)个体赋权。

社区民众是社区的主体,是社区主要的组成部分。社区中民众能力的提升是社区赋权的主要目的。不可否认的是,社区居民本身的能力参差不齐,对于社区民众的赋权行动不能一概而论。社区中的主体主要有两个类型:社区精英与普通民众。社区精英是指能力较强,在社区认可度高,参与积极,具有显著号召力的社区成员。一般而言,社区精英是社区内在本职工作上具有能力与才华,对社区共同体的建设充满希望又富有使命感的居民;又或者他们在外经历丰富,但出于乡愁而返乡建设,在各自擅长的领域发挥作用,促进在地居民对家乡的认识,带动与号召其他居民共同参与社区活动。普通民众在社区中占绝大多数,普通民众参与社区事务是社区实现可持续发展的基础。然而,这类民众比较被动,他们对社区事务抱着“事不关己”的态度,其积极性与主动性需要进一步的激发与培育。其自主性与积极性是建立在其对自己权责的意识之上,让周围的事情与自己相关起来,社区精英对其的带动是非常重要的。

2. 增能:社区赋权的内涵

(1)对社区的认识。

对社区情况的认知程度的大小,是社区各主体能否做出符合社区情况判断的决定因素。社区中各主体在采取行动之前,了解社区的发展状况,有针对性地采取行动,为实现更为有效的结果打下良好的基础。运用 SWOT 分析法,客观地分析社区存在的优势、劣势及所处环境的机会与危险,包括社区矿产资源、山水景观、公共空间设置、特色产业及社区历史、现存文化等。在客观认识社区优缺点的基础上,针对社区现有的资源与发展优势,积极采取行动,将其发展为社区特色;针对社区存在的显著问题,着手改善,以建设一个居民认同、和谐宜居的社区。

(2)社区社会资本的培育。

社会资本是潜在于人与人之间的非正式规范,是基于共享知识、理解、互惠、规范活动形成的人与人之间的互动模式,凭借这种模式,个人组成的群体完成经常性的活动。社区社会资本就是指内嵌入社区居民关系之中的,被社区居民认可的一种共识,可以由内而外地影响社区居民的行为。① 生活在同一社区的居民,由于其生活方式、文化习俗较为相似,更容易形成相似的价值规范与信任关系,如村规民约、行业规范等。这种社会资本能达成社区内在共识,降低居民合作的成本,促成社区意识的形成。

(3)社区文化的建构。

社区文化,是社区居民长期共同生活的反映,是从社区历史中挖掘出来的。文化的核心部分是传统观念,尤其是传统观念所带来的价值观,当其要落实到文化政策与文化建设中来的时候,文化必须从意识形态与传统的狭窄束缚中解放出来,从抽象的概念落实到民众的生活内容之中。② 社区文化是一个多层次的体系,涉及社区的人文景观、风俗习惯、生产方式等方面,要从社区历史、居民生活中进行挖掘,有特色的社区文化能作为社区的名片,提高外界对社区的认识,也增强社区的内部凝聚力。

(4)合作网络的建立。

社区赋权不是仅靠一个主体或部门就能完成的,需要多方合作伙伴关系的建立,促进社区内外资源的整合,疏通社区资源的获取途径。从社区内外网络中建立互惠关系,满足社区内外各主体之间的支持性互动。在与其他社会组织的相互联系中,在更大的社会组织网络中分享经验与观点,为社区内主体能力培育提供新思路。总之,在社区赋权过程中,不可故步自封,要保持开放的心态,学习一切有利于社区发展的事物。

(5)批判反思能力的培育。

社区赋权过程中的批判反思能力是社区在下一阶段中更好发展的保证。对于赋权过程中发生的问题、矛盾及可借鉴之处进行及时的总结反思,深刻分析问题发生的原因,有逻辑性地进行梳理,思考其可以改善与解决的方法。对其优点进行推广与借鉴,对于缺点与问题及时纠正,为下一环节中更好地发展奠定基础。

---

①桂勇、黄荣贵:《社区社会资本及其测量:一项基于经验数据的研究》,《社会学研究》2008 年第 3 期。

②刘莉:《社会资本、社区文化与城市社区发展》,《江汉大学学报》(社会科学版)2015 年第 5 期。

三、雷山村的社区营造过程

1. 雷山村基本情况

雷山村位于西坞街道古镇东南，西坞街道与莼湖镇的交界处，奉化至莼湖公路穿村而过，属于典型的城边村。雷山村全村总户数 461 户，村民几乎没有外出意向，村庄人口结构相对平衡。雷山村村北上游为里岙水库，水库溪水南下，在村庄内形成纵横交错的河网。加之，雷山村又是金溪五村之一，是“十里花木产业带”的重要节点，奉化区为金海路四季花香美丽乡村风景线建立专项规划，对金溪五村进行景观提升、绿道建设、金溪河小流域治理。因此，雷山村村容村貌的美化，景观的提升，基础设施的完善及休闲旅游业的发展都在奉化区域内备受关注。

雷山村人口结构较为平衡，经济基础也不弱，但是却难以得到发展。究其原因，村民人心涣散，难以形成村庄发展合力。雷山村于 2004 年由半亭、水塌地、里岙三村合并而成，三个自然村的村民各自为政，对村庄的认同亦不足；村庄经济收入远不如周边几个村庄，村民对村庄发展价值认识不充分。雷山村在“乡愁经济”计划背景下，借鉴中国台湾社区营造经验，将唤醒村民意识作为村庄建设的基础，在营造过程中实现赋权，以赋权来促进营造。在社区营造过程中发现村北水库顺流而下的“活水”水系贯穿三村，而水两岸的建设涉及村庄景观、基础设施、环境卫生等方面，与村民生活息息相关，因此，雷山村的社区营造以“活水”为焦点进行切入，切实地将村民的想法与建议集中于村庄的建设中，进而转化为村庄建设中可见的效果。

2. 雷山村社区营造的过程

(1)第一阶段:唤醒村庄共识。

这一阶段主要解决如何唤醒村民的参与意识，重塑村民对村庄发展的信心这一问题。在这一阶段，地方政府为村庄建设形式赋权，专家评委对村民进行能力培训,在此基础上专家团队进入村庄,建立“村干部—村民”的辐射路径,带动村民学习与了解社区营造相关知识,唤醒村民对村庄的情感,进而主动参与到社区营造中去。专业者以促进者的角色采取专业的方式方法为村民提供利益表达的机会;村干部积极配合,组织各种村民聚会,为村民提供参与机会,丰富参与途径;热心村民号召,营造参与氛围;村民在专业者、村干部与热心村民的引导下,激发并产生对村庄的整体认同,重新塑造社区社会资本。

①地方政府的赋权。

2016 年 3 月,区政府与“乡愁经济”团队签订合作协议,并着手筹备“乡愁经济创客+选人选点做乡村”计划①,跳出传统行政体系“自上而下”命令发布式的乡村建设模式,让渡出 5 个名额尝试“自下而上”途径。同时,“乡愁经济”计划公告落地伊始就公示了项目落地的配套奖励政策:即不仅参赛团队有作业保底费,获选试点村还将获得规划奖励和政策优惠,为村庄建设提供资金支持。

②专家团队的系统培训。

团队着眼于“赋权”,包括权力和能力的提升,权力即政府的制度支持,为“自下而上”提供一个着力点;能力,即能力建设,基于在地现状对社区主体进行的能力提升。经过“初阶培训—进阶培训”这一过程,提升参与学员的理论与实践能力。初阶培训,以观念课为主,借助社区营造的成功案例,辅之以当下中国的乡建政策与空间营造的专业知识,让学员了解社区营造的理念与本质,切实地将社区营造与中国乡村建设的政策背景相结合;进阶培训,在初阶培训的基础上,学员自愿报名参加,在保证每组有创客、社区规划师、热心人士、村干部等角色的前提下组建团队,培训课程主要分为案例分解答疑课程、观念方法课、分组实习课这三类,需要团队成员的磨合与配合,共同解决问题。

③专业者与村干部的辐射作用。

在进阶培训阶段,雷山村村干部、同济大学专业者建立团队。这一阶段,根据专家评委布置的任务,专业者开始进入村庄,了解村庄的地形走势,村庄的自然资源、公共设施建设情况等;借助逐户的走访与沟通,了解村民对村庄的认知

①下文中简称“乡愁经济”计划。

程度,村民对村庄发展的预期等。调研发现,雷山村村民分落于各个自然村之间,人口分布离散且缺乏整体观念,对村庄发展的态度消极,这就造成了村庄发展动力不足,村民参与阻力大等问题。因此,如何唤醒村民的参与意识成为此阶段要解决的主要问题。

专业者试图发挥村干部在村民中的辐射带动作用。村干部是由村民选举出来的,在村民中有一定的威信,根据"村干部—村民"的模式建立村内社区,营造相关知识与理念的学习宣传途径。因此,专业者首先组织村干部参加沟通会,让村干部了解"乡愁经济"计划行动的意义与价值;并建立"雷山共同计划"微信群,方便村干部与专业者的及时沟通与交流。

在村干部充分认识的基础上,召开村民大会,告知村民"乡愁经济"行动启动;借助雷山村微信公众号对参与式规划进行全过程宣传报道,宣传社区营造的相关理念,并发布国内外具有参考意义的社区营造案例,刷新村民对村庄发展价值的认识。随着行动的进一步开展,村干部将村民分组召集进行座谈,了解不同人群对村庄的认识及村庄建设的期望。同时,在村干部、积极村民与专业者团队的合作下举办"发现最美乡村摄影展",让村民拿起相机随手拍下村庄中最美的角落,使村民直观地看到自己村庄的优点与不足,并在此过程中重塑对村庄的认识,引导村民参与到村庄社区营造行动中去。

(2)第二阶段:聚焦活水营造村庄。

在前期专业者与村干部的共同作用下,村民的村庄共识被唤醒,参与村庄事务的热情异常高涨,他们从自己身边的事物着手,敢于提出自己的利益诉求。因此,这一阶段要将关注点集中于村民意识被唤醒之后,如何组织村民参与规划。而这首先需要将各个群体对村庄的意见进行汇集,进而找出村庄问题的聚集点,从焦点问题出发,着手行动。

①金溪河里岙段河道的问题聚焦。

在专业者团队持续的走访,结合村干部与村民代表的反馈后,团队发现村民对金溪河河道水利工程桥梁的选址问题颇有想法:村民希望将新建桥梁东移,使之靠近里岙村公共活动场地、老年协会,方便生活,同时也方便与新岭岙村沟通联系。但是金溪河里岙段河道整治过程规划是金溪五村"十里花木产业带"的重要节点,沿线村庄均以花木产业作为主导产业。奉化区为金海路四季花香美丽乡村风景线建立专项规划，对金溪五村进行景观提升、绿道建设、金溪河小流域治理，金溪河整治规划早已由街道专项委托给另外的设计单位进行。团队最初并不想介入，但是村民的持续热议，迫使团队直面问题，由此成为问题聚焦的核心点。最终，规划团队将村民的意见进行汇合集中，由村干部出面与水利部门进行协调，解决了该问题。

由同济大学的专业团队，雷山村书记、返乡创客等人组成的雷山村团队，也以金溪河里岙段河道整治工程规划与实施为契机，申报以"共塑金溪河沿岸/庭院美化"为题的乡愁经济创客＋计划，参与试点村的竞赛。

②活水资源的挖掘。

金溪河的源头在村北上游的里岙水库，水库溪水南下，串联三村，活水的串联也将分离的三个自然村串联起来。在"乡愁经济"计划的中期评委"走村"的过程中，"金溪河河道"的整治引发村民关注的事件也引起专家评委的关注。专家评委认为雷山村拥有天然的活水水脉的优势，可以将村民的问题和诉求聚集在整条水脉上，将活水水脉打造成村民生活不可或缺的部分。而在操作上，始终要将村民的关注作为村庄营造的切入点，强调在营造空间的同时注重"人"的想法，对村中各主体的意见都加以汇总，包括老人、儿童、妇女等群体的意见。中期的评委"走村"的点评是在水塌地村的长厅第进行的，是开放可见的空间，专家对雷山村发展价值的肯定，直接提升了村民对村庄发展的信心。

③围绕活水参与规划。

团队吸取专家意见，将村庄活水作为乡村营造的着力点，在村民分组中添加儿童组，引导各组村民围绕活水，表达自身需求与想法。村民积极参与，对活水沿岸提出公共设施、环境卫生、沿岸景观、步行通道等方面的设想与建议。专业者将村民回答进行整理后，整理出里岙溪边公共活动场所修整、新岭岙汇水塘及周边环境提升，水塌地村中心池塘提升及村口标志设计三个意见汇总点。针对每一个意见汇总点，专门开展讨论，让村民参与到规划设计的过程中来。

(3)第三阶段：多元互动主体行动网络的建立。

长达 9 个月的"乡愁经济"计划结束后，专业团队撤出了村庄。但前期的各项工作已经充分激活了村民的参与热情，成功构建了一个多元主体的行动网络。这一阶段，需要关注在专业者撤出后，村庄如何保持持久长效的营造，实现自主发展。专业者团队在对雷山村的陪伴中,已经成为雷山村的规划者和朋友。撤出村庄后,专业者依旧定期回访雷山村,保持密切联系,持续为雷山村建设提供建议,分享可借鉴案例。

原来的村干部始终将雷山村的社区营造作为行政任务去完成,"乡愁经济"计划结束,工作态度回归消极怠慢,这引起了村民的不满。在2017年4月份的村干部换届选举中,村民将在社区营造过程中表现积极的村民选举出来,组建全新的村委领导班子。新的村委领导班子与专业者团队保持密切联系,希望承接专业者在村庄营造中的角色,延续"乡愁经济"计划达成的效果。他们不仅参与区政府组织的学习活动,还自主学习相关案例,向专业者请教村庄营造经验,更是先后三次组织村民到丽水、厦门、泉州等地进行参观学习,感受学习成功案例的有益经验,继续保持村民的参与热情。

端午节前夕,村干部在水塌地村的"长厅第"古民居举办"粽是故乡情"活动,不仅挖掘出水塌地村的传统文化、特色民俗,还将古民居中的历史文物进行展览,为水塌地村进行宣传,让广大市民都知道这里有一个"长厅第"古民居。村干部与村民逐渐意识到本村的特点,为水塌地村创作了特色LOGO,并将本村文化进行在地化发展。

四、雷山村社区营造的主要特征分析

尽管社区营造关注"人、文、地、产、景"的综合发展,但其实现需要"人"去努力,因为社区主体的理念与看事物的眼光的好坏决定社区发展是否长远,"人"成为最重要的角色。雷山村社区营造就是将相关的利益主体进行能力提升,实现村庄内部发展动力。当然,奉化实验也存在项目式发展难以持久的困惑,但总体而言,雷山村社区营造仍旧存在许多值得借鉴之处。

1. 地方政府敢于试错的态度

地方政府的态度决定了乡村社区发展的方向。尽管近几年中央政府一直在强调基层治理方式的创新,但是出于政府行政体系本身的弊端,急于求成,恐惧失败，对试错风险的担责等现象在地方政府的各项工作中都得以体现。大多情况下，地方政府在意识层面上达成“创新实践”的共识。但在实际操作上，这种共识却难以实践，一方面是由于经验主义的路径依赖，潜意识反映出来的思维惯性又把行动带回原来的模式，导致“创新”无法实现；另一方面，用心培养在地能力，以民众为中心设计方案，需要较长时间得以实现，政绩难以快速呈现。宁波奉化区政府则跳出传统行政体系“自上而下”命令发布式的乡村建设模式，敢于尝试自下而上的“社区营造”。

2. 专家评委系统理性的陪伴

系统性的教育与训练是培力的常用方法，但培力不仅限于培训，专家们的陪伴更是参赛团队行动不脱离乡建本质的重要工作。专家通过案例、理论与实习等课程的设计，从理念到行动上改变各参与主体的固有观念与想法。这些成功的案例既燃起学员的行动热情，又及时以理论作为支撑，为学员建立客观理性的视角。参赛团队在实践过程中，遇到问题可以直接向专家寻求帮助，专家也可以就问题进行解答。虽然这个道理很简单，但是在政府的项目中，专家都只是一堂课或者一次评审就离开，学员难以与专家建立长久的交流关系；而这种持久的陪伴，在中国现状下，更多的是变成冗杂烦琐的程序。而在雷山村的社区营造过程中，专家团队详细周密的调研，充分发挥村民的主体作用；即使团队在撤出村庄以后，仍然持续跟进，继续为村民服务，发挥了一个长期而系统的陪伴作用。

3. “多元互动主体”团队的外联内造

村庄建设切不可闭门造车。在这个互联互通的时代背景下，要想转变农村的弱势地位，必须要建立城市与乡村的互动网络，促进城乡之间、乡村之间人才与资源的流动、共享，这就是所谓的“外联”，而“内造”就是发掘和强化内生动力。村庄建设与发展的主体是“人”，而“人”的能力与意识是决定村庄往何处去的关键，因此，将村内的主体连接起来，促使其释放内在力量是村庄发展的内在要求。“外联”与“内造”并行，才能形成可持续发展的、开放包容的社区营造环境。在雷山村社区营造过程中不同的主体各有所长，在村庄建设中发挥不同的作用：村干部对村庄情况比较了解，是由村民选举出来的，在村民中的威信较高，与地方政府联系密切，政策信息通畅，起承上启下的作用；积极村民是村中的能人，具有对村内公共事务的参与积极性，具有较高的号召力；返乡创客，是指外出打工，并且已经积累足够资本，善于接受新鲜事物，为村庄提供发展机会的人；专业者是理性客观，对村庄建设具有整体发展与全面建设的眼光，有助于实现村庄的可持续发展的规划者。而多个主体共同参与村庄建设，相互间互补优劣，对于任何一个主体所表现出来的浮夸、不切实际，另外几个主体都可以及时给予制止，实现力量上的互补与制约，进而更为理性、客观地对村庄进行规划。各主体经历不断磨合、协商的过程，各主体分别从自身的关注点入手，逐渐寻求到村民共同关心的公共事务，进而在村民公共参与中建立共识，促成村庄共同意识的形成。

4. 村民角色的转变

村民是村庄的主体，村民的参与是村庄在地发展的基础。在雷山村社区营造中，团队将村庄建设的关注点放在村民身上，并借助专业和有创造性的方法，从村民身边的事物入手，提供给村民更多的参与机会，转化村民的被动地位。村民原来对村庄事务漠不关心，认为村庄的发展与自己无关，到现在可以积极参与村庄事务，清晰地描述问题与诉求。村民从原来对村庄发展价值的质疑，到现在可以自豪地向外来者介绍村庄的特色，是村民对村庄情感转化的表现，自我认知的转化。专业者、村干部及热心人士的积极配合，促成了村民自我认知与对村庄情感的转变。村民是村庄最长情的陪伴，专业团队可能最终会退出村庄，村干部会换届，但村民不会。不管村民冷漠或者积极参与，他们始终是这片土地变化的见证者。因此，村民意识与能力的提升是村庄得以持续发展的命脉。

5. 村庄在地资源的活化

“村庄建设不是城市化，要本土化，要用本村的‘土壤’，把村庄的本土特色做出来。”①实现村庄的在地化发展，需要根据村庄的发展现状与现有资源，包括人文与物产资源，采取有针对性的发展措施。另一方面主要体现在村内设施建设的细节上。“城市就是高楼大厦，水泥钢筋，而农村不仅要像农村，还要挖掘出这个农村与其他村庄不一样的特色。”因此，雷山村计划在基础设施完善之后，挖掘村中的文化资源，借助编村史，修家谱，为村里的老建筑赋予情感与文化特色。不是所有的美丽乡村，都是道路空旷，房屋整齐的，充分利用在地资源，是打造村庄本土特色的捷径，更显村庄本色。

五、基于社区赋权视角的乡村社区建设的路径探索

1.建设多元主体互动的网络机制

赋权，是一个民主化的过程，民主的实现，是微观的，当在实践中尝试用平等协商、沟通对话的方式来解决所面对的问题时，就已经在践行民主了。而在中国的乡村社区中，地方政府与村民呈现上下层级的关系，一方面是受传统中国统治阶层的威权主义的影响；另一方面，农村村民自主意识薄弱，加之现阶段乡村社区面临空心化等问题，村民力量明显处于弱势。而社区赋权是一个上下互动的过程，同时，多元主体参与社区营造，可以实现资源的整合与充分利用，进而实现优势互补，为社区营造注入活力。

(1)基层政府落实赋权行动。

在美丽乡村建设背景下，乡村发展成为当今社会所关注的重点。目前，地方政府在乡村社区发挥作用主要依靠自上而下的投入与执行，缺乏对村民主体地位的关注，最终可能导致前期建设难以维持，最终化为虚无，沦为形式。换句话说，只有以村民为主体的乡村建设，激发村民对村庄的热爱，才能保证村庄建设的可持续性。因此，不管以什么作为社区建设的切入点，都要把村民的自主性与积极性作为社区建设的重点与核心，只有政府加强对激发村民自主性的重

①来自对雷山村书记的访谈记录。

视,才能使村民肯定自己,塑造参与的自信心。因此,在乡村建设过程中,政府首先要加强宣传,让村民认识到只有每一个人的参与才能建设更好的乡村。其次,乡村规划建设要与社区赋权相结合,在乡村规划制定与实施过程中保证信息公开,开放一块“公共领域”,供在地居民参与、沟通、探讨与协商,加强政府、规划单位与村民的联系,注重与村民的沟通交流,充分考虑村民的建议并将其融入社区建设的规划中,将规划制定过程打造成激发村域居民参与意识的过程,也加强村民之间的利益联结,进而建立起乡村社区内的共同意识。在规划实施过程中,政府也要注意保持与村民的交流,涉及村民宅基地与农耕用地的调整与赔偿等矛盾要及时处理,在实施过程中发现的问题,也要积极处理,保证村民的满意度,进而实现政府投入的长久利用。

(2)构建组织间的合作机制。

这里的“组织”不仅仅是指社会组织,也将村集体作为一个组织来看待。社区营造,是有很强政治内涵的,社区力量的发展不仅是社区自主发展的前提,更需要有承接政府职能,提供公共服务的功能。而促进组织间的合作,能为各组织扬长避短、各取所需,也在一定程度上节约成本。某些区域的村集体规模差异大,建设投入自然也各不相同,邻近村庄之间建立合作关系,不仅可以共享公共设施,以降低建设费用,并且可以减少邻避冲突、争取经济利益等所造成的冲突;更重要的是可以提升共同的比较利益,扩张地方发展的潜力。而区域内的社会组织,在服务领域上各有不同,各有所长,实现社会组织之间的合作机制,也可以对服务区域内的村民提供更为全面的服务。

2. 实现在地化发展

村庄是村民的村庄,村庄的发展是由人决定的,而不是由村决定的。因此,要实现村庄的在地发展必须做好以下两方面的工作:

(1)在地主体的激活。

村民是村庄的主体,规划者、创客都会离开村庄,而村民是唯一见证村庄变化,却始终不离不弃的群体。因此,村民的参与能力与参与意识的提升,是实现村庄发展的长效机制。村民的参与意识,是在村民对村庄的认同及对社区营造理念有所认知的基础上建立的。村民对村庄的认同,取决于村庄发展价值的体现，为村民树立村庄发展信心。而村民对自身能力与作用的认识，也会影响村民的参与。从村民身边的事物着手，所有人都可触及，且效果显著的改变，会更新村民对自身能力的认识。其次，相关部门对社区营造的宣传与学习管道，会增强村民对社区营造概念的认知，认识到村庄建设是需要村民合力。借助一些成功案例的宣传，增强村民的参与信心。随着社区营造环节的深入，借助非政府组织的培力与使能的活动，使村民在学习中了解自己的能力、角色、功能与社区的相关资源与发展优势。而村民的行动又进一步使理论与实际相结合，促使村民在“做中学”，不断积累经验。而当村庄得到显著的改善效果之后，村民的这种参与意识又会促使村民去保护修整的成果，进而形成一个良性循环。

(2)在地资源的活化。

村庄在地资源的活化，体现在对村庄资源的挖掘和在村庄建设过程中的一些细节之处的人性化与生态化。依靠在地资源促进村庄发展，可以保证村庄发展符合村庄现实状况。现在很多村庄不注重在地资源的活化，由大资本取得土地与房屋产权，系统整体地规划经营，建设一些主题小镇或村落，这种方式的确可以让村庄很美地存在，但是这样一来，村庄的发展会变得与原来的村庄毫无关联，村里人也不能共享到村庄的收益。而注重村庄在地资源的运用，就能很好地避免这个问题。将村庄现有的自然资源、文化资源等进行整合，挖掘村里的能工巧匠，发展村庄的特色工艺。另一方面，在村庄基础设施及其他工程的设计实施中，要注意避免过度工业化与城市化，将当地的元素融入细节中，使基础设施设计形态与村庄景观相匹配，也是一种在地资源活化的形式。

3. 融入可持续发展的理念

社区的可持续发展包含两个特性：一是生态环境的永续特性，就是生态环境作为社区居民真正且持续拥有的生活方式；其次是生态环境可持续性的落实有赖于民间与政府的动态关系，以及这种动态关系带来的持久性。

(1)实现动态互利关系的持久性。

生态保护行为可持续性，可以适当地通过“物”的营造来维持。一方面，“物”或者说产业的营造能给社区提供一个明确的目标，能由“点”及“面”地围绕某个事物而开展全域的建设，比盲目地抓全域的发展更有目的性；另一方面，

“物”的营造或者说产业的引入可以为社区居民的行动注入动力，实现可持续发展。要知道任何公共利益的创造，都绕不过私人利益，但是公私利益并不是对立的，彼此间存在各种相互转化的途径，村民私人的行动在解决谋生以外可实现生态保护、文化传承等公共利益。

要实现社区自主力量，仅仅依靠社区居民对乡村的热爱，空谈情怀是不切实际的，必要的利益是这种情怀实现的必要条件。经济是满足人们基本生活需求的物质基础，经济如同衣食住行，是每天都会发生的事情，而不像社区营造的“公共事务”偶尔才会发生。适当发展社区产业，村民更有意愿聚集在一起共同协作，彼此分享基础、经验，共创品牌，发展地方经济；挖掘地方特色，加以现代文创，传播地方文化，与市场适当结合，更具有可行性。

例如，在村庄传统手工艺与特色文化的保护上，地方政府对于特色不足或等级不够的文化不会长期出资去维护，而由于收益的降低，村民传承的积极性也大大降低，这就使得很多手工艺面临失传。这就需要市场的力量，赋予文化活力，促使文化的传承。但是，这种产业引入社区的发展模式，要注意明确社区自身的定位，力求从社区特色出发，从大局出发，将眼光放长远，不能随波逐流，过度注重经济收入，将社区变成讲求价值的商品，切忌本末倒置。因此，在产业引入村庄的乡村社区建设模式上，民间行为需要政府的约束与监管，以免带偏社区发展方向。

(2)实现生态环境的可持续发展。

从农村社区生态环境的可持续发展来看，随着都市群的蔓延，经济发展及城市范围的拓展，人类对自然环境资源过度开发与索取，造成绿色生态环境的严重破坏。城镇化依旧是社区发展的主旋律，乡村社区如果没有良好的生态环境做依托，始终难以逃脱被城镇化吞噬的宿命。也就是说，生态环境是现阶段乡村社区保持其立足之本。而乡村在追求发展的同时，也要兼顾社区生态与生活环境的总体氛围的营造，将当地特色文化与物产作为区别其他社区的标志，软硬件兼容发展，创新发展规划，追求当地特色。在发展中融入环保、节能、健康、绿色的理念，选择以人为核心的低污染高效益的生态型发展方式。总而言之，就是立足“绿水青山”，探索“金山银山”实现的可能，可从以下几方面实现乡村社区的可持续发展。

首先,要认清可持续发展的内涵与意义并进行推广。可持续发展是指在不损害后代人满足其自身需求的能力的前提下满足当代人的需求的发展,要求为人类和地球建设一个具有包容性、可持续性和有韧性的未来而努力。要实现可持续发展,必须协调三大核心要素,即经济增长、社会包容和环境保护,在社会与环境所包容的前提下实现经济发展。但村民对可持续发展的理解较为局限,认为生态保护的政策影响他们眼前的直接收益,这就导致近几年各地区对生态保护的实际推动成效并不显著。同时,各地的生态环境因其气候与物质基础存在差异,不同区域的居民对于生态环境带来的预期及生态环境利用策略存在较大差异。因此,只有对区域生态环境进行评估与规划,满足居民需求与生态环境之间的平衡。在生态建设可落实的基础上,进一步将可持续发展观念深植于居民生活与观念之中,才能在社会大众与可持续生态之间创造更丰富的发展可能。

其次,政府要为社区生态环境提供长期而全面的政策支持。一般民众对可持续发展的理解仅限于节能减排之类的,对生态发展的理解较为局限。因此,要让社区民众全面地了解、认同可持续发展的价值,并采取进一步的行动,必须要依靠政府出台一个长期的政策,从多方面提升民众对可持续发展的了解,建设多角度的参与平台。将可持续发展作为长期的政策,政府可以结合长期的政策资源及良好的政府、民间伙伴关系,实现乡村社区的可持续发展。

最后,由点及面,鼓励跨区域的社区学习机制。① 社区建设不能闭门造车,尤其是农村社区。当下中国,广东、浙江等地在社区建设方面处于领先地位,且部分地区在社区建设方面也有明星社区。在政府政策的长期支持与引导下,让社区跳出原有的发展思路,扩展思维,建立社区与社区之间、社区与市场之间、社区与政府之间及社区与社会团体之间的跨领域、多元参与的学习机制并持续维持,将可持续发展作为更高层级的环境治理基础而彰显其价值。在政府的支持下,市场、社区、社会团体各尽其能,加深民众对地方环境的了解,并让受到影响的人进一步在社区援助与设施方面培力,担起各自能力,实现内部能力的互动与强化。鼓励多元主体建立伙伴合作关系,社区是个人行为最直接影响的空

①王本壮等:《落地生根:台湾社区营造的理论与实践》,台北唐山出版社 2014 年版。

间层级，基层政府可以借助地方能量及特色，共同提供服务，满足地方需求，创造以当地居民为主的参与式典范。

（张国芳、蔡静如）

案例二、多元主体互动机制下的乡村社区产业营造——基于德清莫干山的研究

摘　要：随着现代化和全球化的冲击，中国农村农业产业日益面临着衰退与边缘化，农村逐渐空心化，针对当前农村、农业、农民存在的问题，党和政府以及学界都开出了药方。乡村振兴何以可能？学界目前有两种比较流行的观点，一种是以资本主导的绅士化的道路，另一种是自治型的草根化的道路。莫干山民宿产业的发展则为乡村社区建设提供了一条多元主体互动机制的路径。在莫干山的乡村社区建设中，民宿产业何以成为切入点，相关主体如何行动，他们的行动有何特征？本书从市场、政府与社会多元主体互动机制来探讨其过程：莫干山的社区产业营造，是以“洋家乐”的市场驱动模式为开端的，外国人首先在莫干山开始经营民宿，并带来了民宿热；政府在发现生态旅游的契机后，在生态保护政策与基础设施建设，以及对民宿产业发展的政策引导与规制方面发挥了重要作用；在市场与政府双重力量的冲击下，莫干山村民踏上民宿热的浪潮，在社区精英的带领下，成立“探庐者”民宿联盟，并激活社区在地资源，实现村庄的可持续发展。这为乡村的产业发展和振兴提供了一个可供借鉴的视角。

关键词：民宿产业；乡村社区营造；多元主体互动机制

导　论

农村社区是农村社会服务管理的基本单元，随着中国特色新型工业化、信息化、城镇化、农业现代化进程加快，我国农村社会正在发生深刻变化，农村基层面临许多新情况新问题：农村人口结构加剧变化，部分地区存在村庄空心化

现象,农村"三留守"群体持续扩大,农村利益主体日益多元,农村分化进一步加剧。针对以上问题,党的十九大报告提出"要坚持农业农村优先发展,按照产业兴旺、生态宜居、乡风文明、治理有效、生活富裕的总要求,建立健全城乡融合发展体制机制和政策体系,加快推进农业农村现代化"。乡村振兴战略为农业农村的发展制定了一个战略性的发展框架和目标,也说明了党中央把农村建设、农业发展当作重中之重。加强农村社区建设成为一个重要议题,"为农民幸福安康、农业可持续发展、农村和谐稳定奠定坚实基础"。① "社区营造"概念源自台湾,起源并不局限于1993年中国台湾提出的"社区总体营造"政策。"社区总体营造"主要是在于透过社区居民的讨论、组织、行动,先由外部政策的带领刺激、引发居民对自我权力与地方事务的关心,渐进式地由民众来主导社区营造的进行,使社区重新恢复生机与活力。

在以往社区营造的研究中,有学者归纳出两种模式——绅士化和草根化。②所谓的绅士化的发展路径,指的是外部资本主导型的发展模式,文中以安徽宏村为例,来说明这种发展模式虽然快,且经济效益明显,但缺点是先开发空间,"人"处于弱势、被动地位且居民的参与感缺失,当外部资本终止时社区繁荣不可持续;而所谓的草根化的模式,则是指社区自治型,作者以中国台湾桃米社区为例,阐释中国台湾桃米社区这种自治型模式虽然速度缓慢,需要较长年限,但由于着眼于"人"改造,激发了人的创造性和适应性学习能力,所以这种模式是可持续的。

表8-1　两种模式的对比评析

对比内容	资本主导型的安徽宏村	社区自治型的台湾桃米
资源	历史文化遗产	自然生态资源
起点	"中国画里乡村"	贫穷落后的"垃圾里"
转折点	2000年申遗成功	1999年地震

①中共中央办公厅、国务院办公厅《关于深入推进农村社区建设试点工作的指导意见》,2015年5月。

②颜文涛、卢江林:《乡村社区复兴的两种模式:韧性视角下的启示与思考》,《国际城市规划》2017年第4期。

续　表

对比内容	资本主导型的安徽宏村	社区自治型的台湾桃米
发展目标	国家历史文化名村	生态村
社会背景	经济快速发展，历史文化保护工作起步，非营利组织和民间融资不成熟	台湾社会运动，非营利组织和民间融资的成熟
发展路径	强势外力，营利组织主导，内力被排挤	外力，非营利组织辅助，内力为主
改造模式	资本主导 先开发“空间”，“人”处于被动、弱势地位	社区自治 先改变“人”，后营造“空间”
优缺点	优：快速发展当地经济，提高当地人生活质量 缺：居民的参与感缺失，引发社会矛盾，不可持续	优：渐进，自主，可持续 缺：需要较长年限，速度缓慢
管理模式	外部资本主导的旅游管理	社区自主管理
社区认同感与归属感	社区主体话语权丧失，本地人迁出社区中心，原有精神凝聚力丧失	成功重构本地居民的社区认同感和归属感
物质空间环境变化	外部资本很好地保持了物质空间原貌，但限制了物质空间有机生长，由于产权和经济权等问题，物质空间与地方社会网络无法有机融合	渐进式，具有创造性的改造，与自然环境良好融合，与地方社会网络密切结合
社会网络	公共利益的分配不均导致社区的居民产生负面情绪，社区的参与和自主管理水平低	良好的社区互助邻里关系，纸教堂成为社区的精神核心
社区精神核心	丧失：乐叙堂已经被资本占有，原有社区精神凝聚力丧失	重构：纸教堂重构了社区居民的精神核心

资料来源：颜文涛、卢江林《乡村社区复兴的两种模式：韧性视角下的启示与思考》。

通过比较，我们不难发现何种模式具有可持续性，但是复制社区自治型的治理模式却有难度。所谓自治型社区的营造，在于造“人”，造“人”的困难在于人的素质和能力的提升是一个持续学习的过程，人的观念转化是一种缓慢隐性的成长，不同于有形的建设可以在短期内看到明显改变。① 如何使造“人”和环境改善、产业发展、村民和谐达到有机的结合，莫干山民宿产业为我们提供了一个多元主体互动的视角。

①蔡弘睿，张菁芬：《探究社区根本的价值与能量——从英国的社区培力与发展经验探讨台湾的社区培力机制》，《台湾社区工作与社区研究学刊》2016 年第 2 期。

莫干山民宿产业的产生，依托于名山，优美的风景与丰富的物产，加之地处长三角中心地带，周边都市群的消费能力强，为民宿产业提供了肥沃的土壤。所谓民宿，指“乡村民宿”，其定义为经营者利用乡村房屋，结合当地人文、自然景观、生态环境及乡村资源加以设计改造，倡导低碳环保、地产地销、绿色消费、乡土特产，并以旅游经营的方式，提供乡村住宿、餐饮及乡村体验的场所。也就是说，民宿本身就是当地的人文、自然景观、生态环境及乡村其他资源的集合，乡村地域特色的文化内涵融入于乡村房屋的建筑设计中，且其经营不仅限于为游客提供乡村住宿，还包括餐饮、乡村体验等内容。民宿产业，不局限于乡村住宿，还包括其他一切与民宿相关的产业，如传统手艺与文化的体验、乡村农业的物产经营、景观的体验等等。莫干山民宿是在“天时地利人和”的基础上发展起来的。

民宿产业作为莫干山社区营造的切入点，始于外来资本与政府的行动，在民宿落地于莫干山并初见成效之后，当地居民被其收益与有效的经营方式所激活，开始介入并活化全域力量，为乡村建设开拓出一条崭新的道路。这种模式既不同于完全以资本主导的市场化模式，也区别于中国台湾社区自治主导型，而是市场、政府与社区多元主体互动的一种模式。

一、改革开放后莫干山乡村社区建设基本历程

莫干山镇位于德清县西部，毗邻国家级风景名胜区——莫干山，属西天目山余脉，区域面积 185.77 平方公里。2016 年 1 月由原莫干山镇、筏头乡撤并组成，东接武康街道，南邻杭州市余杭区百丈镇、黄湖镇，西连安吉递铺镇，北靠吴兴区埭溪镇，管辖 18 个行政村(高峰、燎原、劳岭、何村、紫岭、仙潭、南路、四合、筏头、瑶坞、后坞、东沈、兰树坑、上皋坞、庙前、佛堂、大造坞、勤劳)，3 个居民区(莫干山、庾村、筏头)，户籍人口 3.1 万人，常住人口 3.1 万人。莫干山镇依托于莫干山，境内群山连绵，环境优美、自然资源丰富，有山林 23.2 万亩，森林覆盖率在 90%以上(莫干山声名远扬，在国外或者国内大城市里具有一定知名度)。

莫干山是国家AAAA级旅游景区、国家级风景名胜区、国家森林公园，莫干山镇依托于莫干山，镇内留存的人文景观和历史文化遗址非常丰富，古往今来留下无数文人墨客的足迹，拥有浓厚的文化气息。同时，莫干山镇内群峰起伏、重峦叠嶂，村域内植被密度高，森林覆盖率在90%以上，植物资源丰富，植物不但品种多而且品质、品相比较好，其中千年银杏、千年红豆杉等树木都是珍贵树种，大量的毛竹、茶叶、果树及其他经济类植被分布广阔，形成了一片绿色的海洋，环境优美。加之莫干山镇地处亚热带季风气候区，雨量充沛，阳光充足，年平均气温16.0摄氏度，四季风景各有特色，与庐山、北戴河、河南鸡公山合称为全国四大避暑胜地。并且，莫干山地处江浙沪三角的中心，距杭州 、湖州55公里，离上海不过210公里，离南京也就250公里，这些地区到达莫干山的车程不过三个小时，加上09省道贯穿全境，104国道、宣杭铁路、杭宁高铁公路侧旁而过，交通便利。

改革开放初期，莫干山镇下属的村庄分布较散，地处偏僻，交通不便。村中主要的生产方式就是小农耕作，而小农耕作中，劳动力的投入与产出完全不成正比，在产量上只够自给自足，难以支持家庭生活。住在山上的山民早先以贩卖毛竹与竹笋为生。几乎每个村子都会有一两个大大小小的竹工艺制品厂，但由于这种类型的厂是以破坏山上生态为代价，近年来，政府出于对生态的重视，着手保护毛竹林，一些规模小、技术落后的或者本身效益就不好的厂家因排污被迫关停；而那些比较有代表性的、效益较好、规模较大的厂，政府也正在努力引导其进行转型；但镇内绝不允许开办新的工厂。至今，整个乡村除小农耕种之外没有更多的收入来源，原来在工厂上班的劳动力因无力负担家庭的生活而选择外出打工，大部分村内的年轻人外出读书之后也不会回乡就业。

地处莫干山镇内的莫干山风景名胜区，隶属于浙江省，本地享受不到任何门票收益，而地方的收入来源少，难以支持村庄的发展。作为湖州市水源保护地，所有产生污染的畜牧业、加工业都被取缔。年轻人留在村里也看不到什么希望，他们宁愿离开乡村去城市。没有支持乡村发展的业态，劳动人口的外流，社区被废弃，村内只留下许多凋敝的建筑和一些穿着深色长衫散步于路中的长者。孩子们因方便教育的缘故，跟随其父母居住在县城，村里偶尔出现的几个年轻人也只是回家探亲，没有年轻人的乡村是缺乏生机和活力的。

自2009年起，德清县开启美丽乡村建设初级版，即“和美家园”建设。“和美家园”虽然实现了县域的全覆盖，但这个全覆盖并不是所有区域都得以打造。因为每个村有好多个自然村，如果每个自然村的角角落落都铺开的话，地方的财政吃不消。因此在这个阶段，主要在一个行政村突出一到两个自然村，以此来进行推广，为其他自然村提供示范。这个阶段的美丽乡村建设注重村容村貌的打造，以及一些基础设施的建设。2014年，作为美丽乡村建设先行区，浙江省首个美丽乡村省级地方标准《美丽乡村建设规范》出台，全省新农村建设从此“有标可循”。2016年浙江省为进一步推进美丽乡村建设，省委、省政府印发的《浙江省深化美丽乡村建设行动计划(2016—2020年)》对我省今后4年美丽乡村的建设提出了具体要求、基本原则及工作举措，对我省千万农民切身利益和美丽乡村升级版建设进程及农村经济发展重大改革提供指导。

在此阶段，德清县率先启动实施全县域的生态补偿机制，铁腕关闭了157家矿山企业和44家竹拉丝厂，并投资了上亿元安装污水统一处理系统，将“治水美村”作为农村污水治理的突破口，坚持科学治水，恢复农村生态环境。初期莫干山民宿的成功，吸引了不少外来投资者与本地外出者回乡投资建设民宿。2014年，莫干山镇政府将庾村老街融入民国风情元素，对老街上的老车站、老百货店等进行立面改造。政府的支持，加上基础设施建设与生态环境的维护，导致民宿的快速激增。

二、外来资本输入与外来资本民宿联盟的形成

2004年，一个曾担任英国皇家卫队上尉的英国人马克·基多在一次偶然的机会来到了莫干山，山上欧洲风格的建筑让他感觉回到了家乡威尔士，莫干山的宁静让他脱离城市的喧嚣。2004年，他选择离开上海，租下山上一幢别墅，定居山中开了第一家咖啡馆，让外国人重拾回家的感觉，此后的十年里，不少外国人纷纷在莫干山落脚。

2007年，南非人高天成来莫干山骑行时被莫干山的美景所吸引，毅然辞去

上海的工作，和朋友们租下当时只有 20 位老人留守的 18 栋农舍，并对其进行改造，打造成一个集乡愁与美景于一体的度假村——裸心谷，开创中国新一代休闲度假模式，并由此推动莫干山民宿热。2005 年初到莫干山的司徒夫也是如此，他租下一小片土地，慢慢打造自己周末度假的房子。谁知他的家人与朋友们都爱上了这里，于是司徒夫于 2009 年做出一个重大决定——打造一个更大更法国式的家，即法国山居。在这里，司徒夫将自己的法国乡愁和老上海情节一并装进了山谷间数栋小楼里。

这三位外国人以行动为莫干山与世界打开一个新的对话窗口，也为莫干山当地乡村建设寻找了一个新的出路，结下了莫干山与民宿的不解之缘。自 2007 年莫干山镇首家洋家乐诞生，截至 2017 年 6 月份已有以洋家乐为代表的精品民宿 70 多家，总计民宿达到 550 多家。全镇共有国家级农业旅游示范点 1 家，省、市级农家乐特色村(点)13 个，星级以上农家乐 78 家。据统计，2016 年全年接待游客 203.6 万人次，同比增长 22%，实现旅游收入 22.03 亿元，其中民宿接待游客 153.5 万人次，实现直接营业收入 14.6 亿元，在真正意义上实现了生态经济。

莫干山民宿的发展离不开外来投资者的开发与支持。民宿产业的发展开端于外来者的需求与投资。也正是因为如此，莫干山休闲旅游业的发展方向与模式是由这群人定位的，这部分群体在莫干山收获较好的经济收益后，出于自身的社会责任感，成立莫干山民宿学院，既能解决淡季游客量少的问题，又能为当地民宿主人与管家提供免费培训。夏雨清、高天成、司徒夫等第一批民宿发起者是以外国人为主，朱胜萱、吉晓祥、钱继良等第二批入驻莫干山的民宿主来自上海、杭州等地。他们在看到莫干山民宿的发展之后，意识到需要抱团合作才能更好地促进行业发展，他们于 2015 年 7 月共同发起全国首个民宿共同体“宿盟”，作为莫干山首个民宿联盟组织，“宿盟”试图为当地民宿产业发展进一步规范化、专业化、个性化提供良好的示范。

在此基础上，莫干山民宿学院于 2016 年 5 月成立，作为国内首家关于民宿学习、交流、培训的学院，它试图以此提升行业内民宿的质量，并为当地民宿主与民宿管家提供免费的培训。民宿学院的授课者，不仅有莫干山在地的优秀民宿主，还包括上海、杭州等地的优秀民宿管理者及德清旅游、农办、消防、环保等部门的负责人;民宿学院培训涉及设计建造、运营管理、品牌推广、文化融合等专业的课程,服务范围覆盖德清及全国各地的民宿业主、民宿爱好者及相关从业者,进而有规划地引导本地民宿产业,向全国展示分享德清经验。而对于在地民宿业主而言,莫干山民宿学院恰好为他们提供了一个专业而方便的交流平台,他们以此来共同面对解决民宿发展中出现的问题。

运行后期发现,民宿学院只服务于莫干山,服务范围受限,且运行逐渐出现困难,出于多重考虑,莫干山民宿学院被“开始众筹”旗下的“借宿”收购。借宿经营下的民宿学院是一个社会组织,协同国内外数百名最优秀的行业领袖和导师,为行业提供基础教育培训。民宿学院会定期发布活动,接受来自全国各地的报名,报名费中仅包含住宿与交通,也就是说课程是不收费的,本地人依旧享受免费听课的待遇。

民宿学院的课程主要分为两块:一个主要是针对民宿主的培训,另一个是针对民宿管家的培训,会跟一些学校进行合作,在学院里学到民宿管理与运营的相关知识。这些知识是基础,实际运营下的民宿会输出文化、灵魂、价值观,理解每一个民宿的特色与精髓才能成为合格的民宿管家。每一期的授课内容都是有主题的,不同身份的学员所学到、看到的东西也各不相同。对于设计师而言,他们看到的是民宿的设计及设计背后的理念;对于民宿主而言,可以看到好的民宿的管家、客房、服务、整体规划;对规划师来说,他们看到的是整体的区域规划是怎么样的。

总而言之,莫干山民宿学院,为莫干山及全国各地的民宿提供专业化的课程培训与交流的平台,为各地民宿爱好者提供学习莫干山民宿经验交流的平台,为民宿业的发展带来更多专业敬业的综合型人才,外来资本通过民宿学院的发展结成了民宿联盟。

三、地方政府对民宿产业的政策支持、引导与规制

地方政府对莫干山地区采取的行动是基于“美丽乡村建设”政策的落地实施。2009—2016 年,德清县以“和美家园”建设为主要抓手,逐步形成“山水美、

农家富、社会和、机制新”的美丽乡村建设新局面。而 2016 年下半年开始，德清县又率先发起“美丽乡村建设升级版”建设，意图在“和美家园”的基础上，从试点到全面铺开，全面全域化地铺开美丽乡村建设的规划与建设，保证乡村建设的持续性。

地方政府在莫干山镇域范围内的行动主要集中于美化环境、优化布局这两者上。生态环境是莫干山民宿与旅游产业发展赖以生存的基础，自 2005 年“绿水青山就是金山银山”的科学论断被提出后，生态保护相关措施就开始实施：将农村污水治理作为“治水美村”的突破口，坚持科学治水，在民宿开始之初，就意识到污水处理问题，按照“一条管子接到底”的要求，由政府统一截污纳管，收集到县城污水处理厂统一处理；莫干山共有山塘、水库 58 座，其中 10 万平方米以上水库 4 座，1 万平方米以上山塘 23 座，设培训巡查员作为“村级库长”，要求其集中培训，并定期巡查，建立健全有效的管理和监督机制，实现水环境管理责任无死角。同时，莫干山的保洁员与垃圾清运车逐年增加，对于山里的生活垃圾，探索垃圾处理源头减量化、收集分类化、处理资源化，实行环卫“一把扫帚到底”的管理体制。针对有污染的企业，政府实行生态补偿机制，关闭了 157 家矿山企业、44 家竹拉丝厂，劝说生产技术落后的工厂转型升级，保证莫干山上的工厂只减不增。

“美丽乡村建设”在莫干山区域最直接与最明显的体现，就是农村规划布局与基础设施的完善。在省级历史文化村落保护利用项目的推动下，莫干山做出了本地化、特色化、差异化的定位，确定为休闲的、慢悠悠的乡村风格，围绕“一座山、一杯茶、一个人、一条溪、一条街”，以民国文化为主线，完成莫干山“民国风情”的小镇定位。莫干山的庾村集镇通过利用闲置资源，注重文化业态与商业业态的提升与融合，成功打造老车站交通历史馆、民国图书馆、莫干黄郛农村改良展示馆、美丽乡村 VR 馆等文化馆群，延伸文化产业链，结合市场力量吸引业态入驻，结合“民国风情”特色，对街道两旁的住房与商铺进行外立面整理与修整，小镇商业氛围有所起色。

同时，在“和美家园”的基础上，落实“2016—2020 年德清县美丽乡村升级版建设”，实现美丽乡村建设的全覆盖，对每一个乡村进行规划设计。针对各村的实际情况，统一委托第三方设计单位对乡村进行整体规划，由村委进行村集体的意见收集和整合，最终得到实地落实。在这个过程中，村民的意见会影响原有的规划，最终落实的内容也可能会出于种种原因与原有规划有所出入。因此，在新一环节的规划中，镇政府引入多家设计单位，实现竞争，提高质量与效率。再者，随着莫干山上生态景观的维护与民宿的建立，来往的游客数量越来越多，特别在旺季时期，各村的道路堵塞，难以通行，为改善村内交通状况，减少事故发生，改善游客的体验感，政府投资拓宽山村道路，修建各村停车场、游客集散中心。

在莫干山民宿数量逐渐增多之后，政府很快就意识到规范化的管理是民宿业态持续发展的前提。2014 年，德清县人民政府办公室颁布《德清县民宿管理办法(试行)》，联合县发改委、安监局、财政局、建设局、旅游局、环保局、水利局等相关部门就安全、消防、旅游、卫生、食品药品等相关方面进一步规范民宿经营行为，提升管理和服务水平。

2015 年，德清县旅游委员会、市场监督管理局、浙江省标准化研究院、国际休闲产业协会乡村专业委员会、伴城伴乡上海城乡互动发展促进中心共同起草的国内第一部《乡村民宿地方标准》正式发布，针对乡村民宿的经营场地、接待设施、安全管理、卫生环保、服务水平、主体特色等硬软件水平进行评分确定，按照分数高低将乡村民宿划分为标准民宿、优品民宿、精品民宿三个等级，并按照等级分别对相关项目做了明确的规定。这一系列的措施办法为莫干山民宿的规范化管理与可持续发展，提供了可视指标，同时规范民宿经营行为，提高服务质量水平，充分发挥乡村旅游在扩大内需和促进消费中的作用。在此基础上，地方政府公共服务职能下放至各个村委，为民宿主提供关于工商、消防、住房登记、食品安全、排污标准等有针对性的培训。

四、莫干山村民在民宿发展中的行为分析

外部的政治、经济、专业的介入，势必对社区在地居民产生影响。在这种被动情境下，在地居民只有采取适当必要的应对行动，才能适当运用外来资源，实现社区的自我发展。社区内产生自发行动，才能将外部资源转化为内部发展的

动力，才能保证社区内部力量的激活。莫干山在外部力量的作用下，成为民宿聚集区，在地村民借此积极行动，化被动为主动，最大限度地实现自身能力的提升与社区的发展。

政府的环保措施与外来投资者在民宿产业上的成功经验，直接影响当地村民的期望、信念与机会，进而导致他们在行为选择上发生改变。莫干山镇依托于莫干山，除庾村之外，其他村落都处于大山之中，山中的矿产与竹林资源丰富。山中村民的生活来源主要依靠到就近的竹拉丝厂、石灰矿厂、竹工艺品厂等工厂工作。

自莫干山镇政府有关生态保护的相关措施开始落实以来，莫干山大部分工厂倒闭，山中的村民也面临失业的困境。大部分村民选择外出务工，剩下的形成了以老人与小孩为主的“空心村”。从村民期望来看，经济是基础，莫干山作为德清西部较落后的山区，且自改革开放以来，莫干山的经济主要靠矿产与竹制品加工为主要经济来源，其收入并不乐观，且环境污染严重，地方政府着手保护环境之后，莫干山大部分村民失去工作机会，而如今民宿产业为当地居民提供就业创业机会，对于当地民众而言，创造与增加收入依旧是其主要期望。再者，本地村民在村里拥有自家宅基地，在宅基地上自建房屋或者修缮自家房屋就有了民宿经营的基本场所，很多村民都抱着好好装修，装修好了就算没什么游客，也能让自家人住得舒服的目的心态开始经营民宿。

除了经营民宿，有不少村民家中有茶园、果园、蔬菜地等农作物种植基地，不仅为民宿专供新鲜果蔬，而且农民的果蔬与散养的鸡鸭还受到游客的热捧，不少农户就此抓住机会，在旺季时将种植基地作为游客采摘体验场所，补充莫干山休闲旅游的类型。山里的零售商店少，游客购置物品十分不便，因此，许多本地村民在村里开起零售商店、面馆等能基本满足游客需求的商店。同时，镇政府对莫干山各村美丽乡村建设规划目的是实现“AAA”级景区的景观风格，在强调景观建设的同时，完善村庄间的基础设施建设，打造民国风情街，为村民创业提供机会。总而言之，在政府生态保护造成的失业与民宿产业提供的就业两者的共同作用下，民宿契合莫干山村民增收的期望与信念，并为村民开展一系列活动提供机会，是村民行动的前提与基础。

在以上种种因素的影响下，村民开始自发采取行动，而村民自发的行动是民宿产业从外部支持向内部发展转化关键，在村民期望、信念与机会被影响的前提下，村民开始采取以下行动以提升村民在民宿建设方面的能力。

1. 社区精英的行动：成立探庐者民宿联盟自组织

探盟·莫干山分会（探庐者民宿联盟）是莫干山地区第一家莫干山本地群众自发的民宿联盟。该联盟是在在地民宿精英潘洪财的发起下组成的，其主要成员为莫干山本地人开的民宿，现有成员一百四十多家。

这些民宿不似“洋家乐”或精品民宿那样有特色，为人所知，他们还存在很多问题与发展困境，针对这些民宿的实际问题，探盟会给予指导性的意见。在莫干山旅游淡季（每年的3—5月或者10—12月）阶段，探盟与浙江乡村民宿学院合作，定期为在地民宿主提供培训，活动形式主要为“课程＋游学”，课程培训地点一般在莫干山紫岭村的文化礼堂与数字影院，游学地点主要是以莫干山为中心辐射到长三角地区的知名民宿。同时，探盟还承担起恢复莫干山生态的责任，认为莫干山的生态优势，更应体现在民宿中，让游客能更近距离地感受大自然。

探盟借鉴台湾社区营造的经验，引入萤火虫计划、蝴蝶谷、青蛙地等生态项目，在创造与发展民宿特色的同时，不忘环境保护，实现民宿的可持续发展。作为社区自发组织，探盟还凝聚民宿业各种不同产业链，整合资源提升民宿业竞争力，在降低成本增加盈利的同时，实现民宿质量与品质的提升。

在产业间的合作上，一方面，探盟·莫干山分会联合浙江乡村民宿学院，于2016年在紫岭村举办莫干山长三角民宿论坛，成功吸引了华东、华南、华中等地的民宿经营者代表、民宿规划专家、民宿营销专家等业内前沿人士齐聚莫干山，从开民宿的准备、选址、客源分析、装修设计、推广运营等环节逐一分享，进行交流，并在会上解决了莫干山民宿的洗护用品与民宿布草等实操方面的问题。另一方面，探盟为本地民宿引入推广平台，因为精品民宿多为外来投资者所建，一些平台在选择推广对象时有诸多条件的限制，因此本地民宿在各推广平台上难以立足。鉴于此，探盟持续地为当地民宿主申请入住服务平台，并期望在本地民宿获得更好的发展之后，打造属于自己的推广平台。

在内部资源的整合上，探盟成立了互相推房群、高铁接送群、非遗公益文化交流群等数十个民宿主群，实现线上及时有效地在客源分流、民宿服务与民宿文化特色等方面发挥作用。同时，探盟正在致力于打造一个民宿阿姨APP，实现阿姨服务订单式，通过APP预约、下单，阿姨也直接从平台上收到劳动报酬，在各民宿客流不同的情况下，灵活民宿阿姨的分配，也在一定程度上降低民宿经营成本。作为莫干山唯一一个自组织，探盟对莫干山在地村民所建民宿的帮助更为实际，也更有针对性，能实实在在地解决当地民宿遇到的许多困难。

2. 村民主动参与服务组织

莫干山休闲旅游业的发展速度快，单纯以地方政府为主体的公共服务供给难以满足当地发展的需求，因此，莫干山区域内的各类群体自愿发起志愿者活动，以补充当地的公共服务的缺陷。因此，莫干山镇团委与德清县志愿者黄手帕分会联合开展志愿服务——组建“莫干山小导游”和“莫干山交通引导”两支具有代表性的队伍。“莫干山小导游”的选拔是通过招募、面试、培训、上岗四个流程最终敲定人选的一个严格的过程，小导游上岗后将利用双休日、节假日实践，分别对莫干山车站旧址、莫干山民国图书馆、莫干农村改进会旧址、黄郛莫干农村改良展示馆、陆放版画藏书票五个景点进行免费讲解。小导游人手一个小本子，上面详细记录着“小导游”的工作时间与工作地点，还可以让游客在本子上写下留言，以鼓励“小导游”的积极性。

在双休日与节假日期间，莫干山游客数量增多，路上的交通堵塞情况也十分的严重，因此由德清黄手帕志愿者协会发动的志愿者经常会在周末自愿来莫干山疏导交通，极大缓解了莫干山的交通情况。此外，“红管家”服务驿站，是由党员志愿者组织起来的为区域内村民、游客、民宿主提供旅游集散、矛盾调解、信息发布等一站式创新服务的志愿者组织。目前，莫干山已有7个村建有“红管家”服务驿站，并逐步向其他村子铺开，驿站的外表面建设尽量与周围的建筑风格相一致。驿站内每天都有值班人员，主要以镇村干部和党员义工为主，老家在莫干山的县级机关干部作为返乡走亲人员也参与其中，除基本服务项目外，各驿站也会结合所驻村庄的实际情况，适当扩充服务项目，如在庾村的“红管家驿站”坐落在萱草书屋，结合书屋的特色，建立爱心义卖队与义教服务团队。

3. 充分挖掘当地特色

在莫干山上看到最多的就是竹林与茶园，在民宿产业的发展中，莫干山在地居民将竹文化与茶文化完美地融合进民宿的建设与经营中，充分挖掘当地物产的特点，打造具有当地文化特色的民宿。

竹子作为莫干山的特色，在当地村民的挖掘与创作下，不仅成为民宿装修与设计中的重要元素，更将其发展成民宿的文化特色。除了东沈村宣国维老人栩栩如生的竹编工艺品外，紫岭村民宿梅皋坞的老板潘洪财自创竹枝工艺品，将竹加工剩下的竹片、竹梢，经过一小时左右的简单加工，摇身一变成为妙趣横生的“渔翁”、“三口之家”、飞鹿、竹龙等工艺品，并凭此获得外观设计专利。在竹枝工艺品逐渐成熟后，潘洪财在自家民宿边上建立了一个小型工作坊，前来的游客免费体验竹枝工艺品制作课程。因此，竹枝工艺品课程也就成为梅皋坞的特色。

除了竹之外，黄芽茶也是莫干山的代表。莫干山休闲旅游业的发展，茶文化的自然、雅致与清新无疑能为都市人的“慢生活”增添色彩。一些莫干山的民宿结合“茶文化”，设置茶艺、茶道演示与培训，阅读沙龙及小型艺术展等活动。在莫干山，“茶”已经不再是单纯第一产业的存在，而是第一产业与第三产业的结合，与民宿同步发展，“莫干黄芽茶王赛”“莫干清凉茶会”“中国十佳茶旅路线”“中国三十座最美茶园”等活动为莫干山茶产业的发展增添色彩。民宿产业带动茶叶的销售，而茶叶也成为民宿塑造“慢生活”理念所不可或缺的元素之一。民宿产业融合竹元素与茶元素，既活化当地物产的用武之地，又成为民宿休闲项目的拓展之选，成为游客乡村生活体验的可选之项。

民众的自发行动是莫干山社区营造活动的关键，民众的积极行动才能巧妙地将外部资本激活的民宿产业为己所用。莫干山民众通过自发创建民宿行业组织与服务组织，挖掘在地资源，提升自身的竞争力，以至于能在高品质的民宿市场中分一杯羹，实现了社区内部的发展与进步，同时又为外部资本营造了盈利空间。

五、结论

从 2004 年英国人马克·基多首先在莫干山经营咖啡馆开始，莫干山的民宿发展已经有十几个年头，从开始的以外部资本为主，到现在本地人占四分之一以上的市场份额，和安徽宏村的完全以外部资本主导的发展模式不同，德清的民宿产业的发展并没有完全被外来资本占据，一方面和地方政府的态度有关系，另一方面也和村民积极融入市场化浪潮有关。据我们最近在德清的调研显示，如果外来资本要在德清莫干山投资民宿的话，金额必须达到 2000 万元以上，而对莫干山本地人投资民宿，则没有此限制，只要民宿的标准符合当地政府各部门的要求与标准就可以。

莫干山民宿产业的发展和市场、政府及社区多元主体的互动机制有着密切关系。外来资本作为原发动力，看中莫干山的生态与景观，在莫干山率先发展民宿产业，促进当地经济发展的同时，对当地的生产方式产生了示范性的影响；由于外来资本对当地税收的积极作用，地方政府采取的生态保护措施，改善莫干山生态环境的行为，为民宿的发展打下了良好的基础；作为在地居民的农户，一方面为外来资本提供土地、民房甚至是劳动力的支持，另一方面也看准商机，积极参与民宿行业或者与民宿相关的产业。莫干山民宿发展中市场、政府与社区的关系如下图：

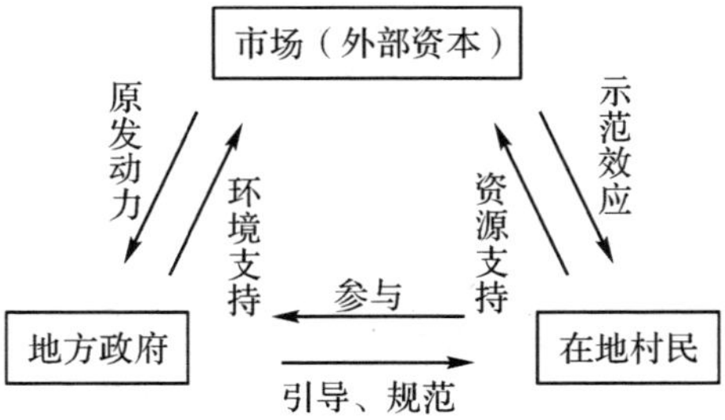

图 8-1　莫干山民宿发展中市场、政府与社区的关系

如果说 2012 年以前莫干山的民宿是供不应求的话，那么到了 2016 年以后，民宿的大举扩张则使得莫干山镇的民宿行业进入瓶颈期，数量上的急剧增加导致了供过于求，这是后来的资本与当地村民的盲目跟风和简单模仿的后果。为了维持莫干山民宿行业的持续发展，政府对于新申请开业的民宿审批严格，希望将床位总量控制在1万张左右。目前镇政府也正在引导精品民宿替换低端民宿，将资源倾斜给已经做出品牌的民宿，淘汰掉一批农家乐。对于目前的困境，莫干山镇政府开始承办一些活动来增加莫干山的吸引力。“今年有一些户外运动赛事，如马拉松、越野赛，还有一些文化创意活动，在我们的国际文化馆群进行，现在的高端有机农场、精品观光农业等，都是给民宿配套的。”莫干山镇党委书记陈金侃如是说。当地政府认为莫干山民宿当前最重要的是加快从分散到聚集，实现商业综合体的转型。民宿的集群，不仅能提高莫干山民宿的整体服务品质，带来更多的客流；而且能吸引更多年轻人回归，而年轻人回到乡村，才能真正带给乡村希望。

莫干山村民在市场与政府的双重驱动下，不管是主动还是被动卷入民宿产业，但至少从行动的反映和结果来看，激活了当地人和资源的互动，激发了当地村民的积极参与及当地自组织社会网络的形成，在某种程度上复兴了当地农村的发展。而在社区精神凝聚力方面，当地政府正在积极改造以前留下的“黄郛纪念馆”，让其成为结合历史和现实的农村社区建设的博物馆。

与安徽宏村发展模式比较，宏村是本地人迁出社区中心，本地居民社区主体话语权的丧失和居民参与感的缺失，导致原社区精神凝聚力的涣散，也引发了外来资本和本地居民的紧张关系；另外一方面外来资本虽然对宏村的历史文化遗产保护和物质空间恢复做得较好，但由于各种条件的限制，物质空间与地方社会网络无法有机融合，如果外来资本终止合作，社区则无法可持续发展。① 莫干山的民宿产业发展一段时间后，抬高了外来资本的进入门槛；而对当地村民与整个民宿产业，则是进一步引导和规制，使其能够可持续发展下去。相比较台湾桃米社区的缓慢而可持续的成长路径来说，德清莫干山的社区产业营造是一条相对来说较快而又可持续的发展路径。

“政府对乡村的积极保护及农民的理性选择，则会成为乡村复兴的重要力量，乡村能否复兴，一方面取决于政府是否通过对乡村社区的积极干预来缓解市场力量的过度侵蚀，弥补市场经济在彰显效率时对乡村造成的忽视与损害；

①颜文涛、卢江林：《乡村社区复兴的两种模式：韧性视角下的启示与思考》，《国际城市规划》2017年第4期。

另一方面也取决于农民自身能否通过合作社等有效组织形式保护和争取自身利益。”①在莫干山的民宿产业发展中，村民成立民宿联盟自组织，并挖掘当地资源特色，积极参与社区服务组织，争取本土社区的发展和进步，无疑是对乡村社区振兴最好的注解，也回应了党的十九大习总书记提出的“产业兴旺、生态宜居、乡风文明、治理有效、生活富裕”的要求。

此章以宁波雷山村和德清莫干山镇的案例，说明了乡村治理转型在于多元主体的互动机制形成合力的重要性，村庄治理转型的重点在于地方政府赋权增能，并形成以农民为主体的多元互动机制。

（张国芳、蔡静如、张怡）

案例三、PPP 模式下农村垃圾治理成效分析——以宁波余姚市阳明街道为例

摘　要：我国长期的城乡二元制结构及配套的管理制度等历史和现实因素，使得我国广大农村的发展远远落后于城市，暴露出许多问题。党的十九大以来，党和政府提出“乡村振兴”战略，直击痛点，得到了国内外的热烈反响。但是由于我国农村基数大、地区间发展差异、长期财政落后等原因，无法短期内解决所有农村的环境治理问题。近年来，随着政府和社会资本合作模式（ppp 模式）在国内的大规模运用，该模式也吸引了政府和社会的关注，将该模式引入农村环境治理成为许多地区的首选甚至是明文规定。本章以宁波余姚市阳明街道农村为研究对象，对其在垃圾治理领域实施 ppp 模式及相关的村民满意度进行调查分析，认为当前存在政府监管缺位、垃圾治理责任不清晰、群众参与度低等问题，并针对这些问题提出要加强监管、完善法规细则、增强村民集体意识和环保意识等建议。

关键词：农村垃圾治理；ppp 模式；余姚市；满意度

---

①毛丹，彭兵：《市场推动、政府干预与农民行动——加拿大乡村的兴衰及启示》，《浙江大学学报》（人文社科版）2010 年第 7 期。

一、研究背景与理论概述

党的十九大上，中共中央总书记习近平同志提出了“乡村振兴”战略。近年来党和国家对乡村建设高度重视，但在我国“三农”飞速发展的过程中也暴露出了一些问题，其中生态环境问题较为突出。新时期人民群众对于美好生活的向往与不平衡不充分的发展之间的矛盾，也对农村垃圾处理、生态环境建设提出了更高的要求。由于我国长期以来存在的城乡二元制结构的制约，相较于城市而言，农村的垃圾治理和生态保护在人力、财力等上的投入严重不足，农村基础设施缺乏，没有建立完善的垃圾处理模式和体系，同时为满足城市发展的需要，农村地区还成了城市建设的垃圾场，部分城市垃圾向农村地区的转移更恶化了这一问题。思想上的不重视，行为上的落后，管理和技术水平的不足，导致我国农村垃圾处理成了农村建设的一大难题。为解决这一难题，不少农村地区引入了政府与社会资本合作的 PPP 模式。PPP 模式在我国颇受欢迎，最初为缓解财政压力得到了大力的推广和支持，而生态环境是 PPP 模式实施较早、也是运用较为集中的领域。PPP 模式的运用，改变了原有的村委村办对于农村地区管理直接一把抓的现状，通过引入社会资本合作方，运用市场的力量解决当前农村的垃圾处理问题。在农村垃圾治理领域实施 PPP 模式的这几年中，无数项目在诞生、实施或者结束，结合当前当地具体的项目进行调查分析，成为本次研究的重点。

萨缪尔森在《公共支出的纯粹理论》中提出公共产品为“每一个人对这种产品的消费并不会减少任何他人对这种产品的消费”，公共产品主要有三大基本特征，分别为效用的不可分割性、非竞争性和非排他性。后两者为区分公共产品和私人产品的重要特征。而介于公共产品和私人产品之间的，具有非竞争性或者非排他性的其中一个特征的被称为准公共产品。

农村垃圾的治理作为农村环境卫生的重要一环，是为农村人民提供良好的生存条件。良好的环境卫生能让所有村民都享受到，而如果有人随意乱丢垃圾、垃圾处理不当等问题造成农村垃圾满地，则会破坏整个农村的环境面貌，对村民的生活造成影响。而如果由村民自行进行垃圾治理,对于治理者本身而言无法得到相应报酬,具有外部不经济性,同时极易产生"搭便车"的现象。因此,这些特点和属性决定农村垃圾治理离不开政府的干预。

就垃圾这一单个物品而言,具有一定的拥挤性。农村社会的环境承载力是有限的,大量的垃圾堆放,如不及时处理,必然会危及农村社会的生存。为此,可以采用"谁丢垃圾谁负责"的原则实施无差异化收费。这为垃圾处理的收益创造了条件。

采用 PPP 模式治理农村垃圾这一举措,目前来看主要是由以街道办、村委为代表的层面发起,引入社会资本或者供应商来提供农村垃圾处理的运营和服务。因此,社会资本或者供应商是垃圾处理项目的经营者,而村民是直接受益者,政府则是垃圾处理项目的所有者,充当引入者和监督者的角色。由此可以看出,农村垃圾处理项目的利益相关者为街道办村委、村民和社会资本供应商。实施 PPP 模式,引入社会资本处理农村垃圾,最初是为解决政府财政预算不足的困境,而社会资本愿意进入农村垃圾治理这一领域,必然是为追求经济效益;而垃圾治理作为农村环境保护的重要组成部分,必然要考虑到环境效益和社会效益,尤其是对于村民而言,垃圾处理的成效与日常生活息息相关,也是肉眼可见,其诉求最为强烈。因此,农村垃圾处理要同时考虑经济效益和社会效益,兼顾多方利益诉求,承担社会责任。

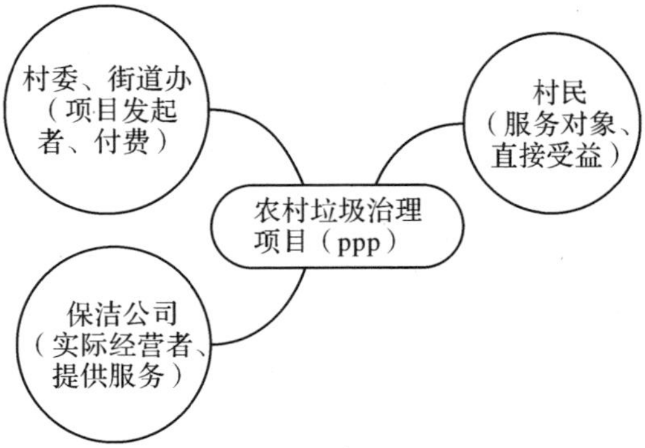

图 8-2 农村垃圾治理项目中各角色关系

二、文献综述

1. 国外研究综述

PPP 模式，最早源于 18 世纪欧洲的收费公路建设计划，现代意义上的 PPP 模式则更多的是在新公共管理运动兴起之后，1992 年，时任英国财政大臣拉蒙特提出的私人融资计划（PFI）成为公共服务领域引入市场化竞争后进一步推动政府与私营部门合作的重要模式，此后，以法国的特许经营理念催生出第二代 PPP 模式。

同时部分学者结合具体的 PPP 项目案例进行了分析，如 Alejandro von Bertrab(2009)对于墨西哥阿尔塔米拉市的城市垃圾治理项目做了综合阐述；Christian Riuji Lohri 分析了埃塞俄比亚巴赫达尔市的城市垃圾治理服务外包的案例，并进行成本收益比较等。

在国外的农村垃圾处理上，德国农村主要是由政府统一收集、转运和处理，并对此制定不同层次的法律规定来约束；日本则侧重于通过施加警告和罚款的形式约束村民行为；韩国实施"垃圾终量制"，将垃圾处理的责任落实到每一位村民身上。

2. PPP 模式的相关文献梳理

我国对于 PPP 模式的认识从客观的融资手段向社会治理模式、政府服务体制创新转变。李秀辉（2002）和王灏（2004）将其看成一种新型的融资方式；贾康、孙洁（2009）等人则将其区分为新型管理模式，同时邓小鹏、李启明、申立银（2007）等学者也更加深入地对 PPP 模式中各角色的转变进行分析。另一方面，部分学者也对于该模式进行总结归纳出基本特征，如刘薇（2015）指出 PPP 中民营部门与政府公共部门的伙伴关系；吴波（2017）强调在保证利益共享的基础上控制企业可能获得的高额利润；也有大量的专家学者研究其中的风险控制和分担机制。亓霞、柯永建、王守清（2009）通过对我国 16 个失败或者出现问题的

PPP 项目进行重点分析，归纳出了导致它们失败的主要风险因素；孟春、郭上(2016)提出了 PPP 风险分配三原则，“即风险应由最有影响能力、最有预测能力或最有承担能力的利益相关方来承担”。

生态环境保护是我国 PPP 项目较为集中的领域，也是 PPP 模式最早应用的领域，尤其是在农村的垃圾处理问题上。各专家学者从当前我国环境治理的现状、需求、PPP 模式的契合度等多角度论证了在环境治理领域实施 PPP 模式的必要性和可行性。杨斌武、杨基成、蒋文举等人(2003)则选取城市垃圾处理的资源潜力和经济分析的角度，运用经济学理论分析发现，建立 PPP 模式，发展垃圾工业的产业化并开发垃圾产品的销售市场，那么实现垃圾处理行业的经济效益是完全可行的。与此类似的，王亦宁(2017)在研究农村水环境治理中提出一种思路，即“要跳出单纯的‘融资思维’，充分考虑农村水环境项目与其他农村产业项目的关联性，合理运用打包策略”。而薛涛(2014)更是以前瞻性的眼光为我国垃圾处理领域的 PPP 模式改革指明了方向，提高政府契约性素质和经费保障、建立公平公开的竞争环境、落实监管措施，加强信息公开，缓解垃圾焚烧引发的邻避现象等。

也有部分学者通过对农村的实地调研研究 PPP 模式的应用。如于沁、管慧宇、徐敏丽等人(2016)通过对浙江省湖州市吕山乡农户的调查创新出能被农户所接受的新 PPP 模式：农户每年支出 50 元，企业和政府共同出资，同时政府给予企业一定补贴的形式。人民论坛专题调研组(2016)也针对全椒县 PPP 模式运用情况发表了专题报告，指出以 PPP 模式促乡村环境治理的四大新思路：问题导向，政府购买服务；因地制宜，多措并举；清单管理及建立双向考核的规章制度。这也为 PPP 模式在该领域的推广和复制提供了经验。

三、PPP 模式下宁波余姚市阳明街道农村垃圾治理现状及分析

1. 基本情况

余姚市阳明街道位于宁波市余姚城区西北，2006 年由西北街道更名为阳明

街道，下辖 20 个村（居）、9 个社区和 1 个居委会，总面积 53.57 平方公里，户籍人口 9.5 万，外来人口约 5.4 万。

该地区的农村基本上是按照河流、道路等因素进行聚居，之后由于经济发展和管理需要，按照区域划定将多个自然村合并为几个较大的行政村，因此较大的管理幅度和差异性也给日常管理带来了一定的难度。同时，阳明街道属于余姚市区管辖范围，街道中的农村相比于其他乡镇而言更靠近城市中心，独特的区位优势使得农村承接了一部分城市的工业功能，大量的工业园区紧挨着或者与农村共存，因此这些农村也并非传统意义上的农村了，更类似于城乡接合部。作为东部沿海城市和制造业发达地区，余姚也吸引了大量的外来务工人员，他们大多租住在该街道的农村地区，人员的复杂性和流动性也是该地区农村的重要特征。从街道层面而言，由于近些年余姚经济的快速发展，老方桥等多个区块由原来的乡镇被合并到阳明街道，导致街道办的管理面积进一步扩大，管理上的事务也更加繁重。

基于上述因素，同时也为响应上级政府的号召，阳明街道决定在农村垃圾处理领域实行外包类 PPP 模式。这是由于当前我国在农村垃圾治理领域上推行 PPP 模式也已开先例并取得积极进展，积累了部分经验。同时，垃圾治理领域本身存在的商业价值不高，且较大的垃圾处理覆盖面使得单位经济效益较低，为缓解政府财政支出压力和管理难度；也考虑到各村垃圾种类情况不一，在招标对象的选择上各有侧重，由村委管理更加方便及时有效，减少了管理层级过多所带来的不利影响。因此将农村垃圾管理职能下放至村一级，以村为单位，实行农村垃圾清理、转运等环节外包的 PPP 模式。

2. 垃圾处理现状

《余姚市加快建设生态文明行动计划》指出，当前农村生活垃圾处理遵循“户集、村收、镇运、市处理”的集中处理机制。以垃圾减量化、资源化和无害化处置为突破口，强力推进“垃圾革命”，全力抓好农村垃圾分类处置工作。

（1）政策支持。

政府的层面上，从国务院，到省、市、县对于农村垃圾处理问题都给予了高度的重视，生态环境部和农业农村部两部委联合印发《农业农村污染治理攻坚战行动计划》,明确了要求、目标、任务和措施;余姚市人民政府也积极响应号召,随即印发《余姚市人民政府办公室关于印发余姚市"碧水"工程、"清废净土"、蓝天保卫战三年行动计划(2018－2020年)的通知》,明确指出要鼓励和引导社会资本投入,积极推广PPP模式;同一时间,《余姚市坚决打赢污染防治攻坚战全面推进生态文明示范创建三年行动计划》的文件也下发,进一步提出要建立健全环境经济政策,大力推进污染治理和环保技术服务市场化,全面实施环境污染第三方治理和设施第三方运营,推广政府与社会资本合作治理及专业机构"环保管家"服务模式。这为PPP模式在农村垃圾治理领域乃至其他领域的推广提供了政策支持。

但是,上级部门的文件一般是以规范性文件为主,缺乏实际操作的可行性,能否真正领会和落实上级的政策规定,检验着每一个基层工作人员的能力大小。尤其是当前政府部门文件台账烦琐、会议记录等文字材料式堆砌,对于具体实施情况的核查也存在着侧重文字记录而不实地调研的现象。这容易引起运动式的治理情况,为应付上面的检查或者自身的政绩,不顾现实情况,财政对于某一方面过于倾斜导致在其他方面难以维持,另一方面往往这样的治理又是治标不治本。

对于农村而言,村规民约则是农村垃圾分类中较好的宣传途径。村规民约是村民日常生产生活中约定俗成的规定,相较于冷冰冰的法律条文更加贴近村民生活,易于被村民接受。如群立村村委将环境保护写入家风村训中,制作成小展示牌悬挂于家家户户的门口,同时在村墙体上印着垃圾分类、建设美丽乡村等宣传标语。但是部分农村对村规民约没有引起足够的重视,忽略了它的宣传教化作用,也是导致村民垃圾分类和环境保护意识不强的原因之一。

(2)费用划拨。

模式主要是以垃圾处理外包为主要类型,所涉及的费用较为固定,且在招投标之前由政府和第三方机构进行相关估算确定好,如后续有需要更改则需双方协商更改合同内容,或者签署补充协议。费用按年度从各村账户上划拨给企业。

在该模式中,街道和村委层面直接承接起上级部门垃圾治理的职能,与此同时村委也成为资金的直接支付者。而支付给外包企业资金的来源也相应发生变化,主要构成为三部分:政府财政拨款、村自筹、村民支付服务费。从目前而言,政府拨款占大头,村委通过集体用地租赁等方式自筹金额占一部分,村民自费也占一小部分。实际上,前两部分资金在数额上足够,同时也没有具体法规政策出台强制要求村民缴纳垃圾治理费,因此由村民支付的垃圾治理服务费并没有被强制执行。

(3)模式阐述。

当前农村的垃圾治理集中表现为村民将各自的垃圾集中到各村的垃圾桶或者垃圾池中,由专门的保洁员将各村集中起来的垃圾装载到垃圾车中,统一运往街道的垃圾中转站,再由相关人员进行垃圾分类,将其运至市里的垃圾处理厂或者焚烧发电厂进行最后的垃圾处理。

阳明街道农村的垃圾治理在此基础上,引入社会资本和供应商,以村为单位,将村主要道路的日常保洁和村级绿化带杂草清理、村范围内生活垃圾装运、办公室及公共厕所、夜市场日常保洁和村级河道保洁等内容打包为村环境卫生水岸保洁一体化服务项目,以公开招标的形式向社会分散采购服务,其服务期限一般为3年,并为此支付费用。这与外包类PPP模式中的O&M类型相符,即政府与社会资本(供应商)签订合同,由社会供应商负责基础设施的经营和维护,政府向其支付一定数额的费用。

3. 村民调查结果分析

垃圾治理的结果直接反映在村民的评价上,这直接牵涉到村民生活生存环境,关系切身利益。笔者采用问卷调查的形式,随机选取阳明街道的3个村(丰南村、群立村、北郊村)上门发放问卷,同时前往其他村的村委大厅(人流较多处)随机发放问卷,本次调查的覆盖面较广,且随机性强。

本次调查共发放问卷210份,回收194份,其中有效问卷187份,回收率和有效率分别为92.4%和96.3%。以下是问卷的统计结果:

(1)被调查者的基本信息。

主要为年龄、身份来源、学历,如下图所示。

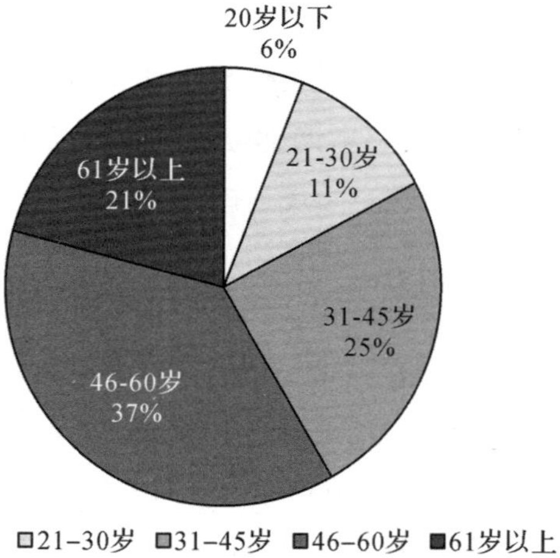

图 8-3　被调查者的年龄分布

表 8-1　被调查者的学历及身份来源

类型	选项	人数	占比
学历	大专及以上	34	18.1%
	高中(中专)	71	37.9%
	初中及以下	82	43.8%
身份来源	本村当地村民	118	63.1%
	外来常驻人员	55	29.4%
	外来非常驻人员	14	7.5%

(2)对于该模式的认知、接受和配合程度。

问题一:您是否知晓本村垃圾处理已被外包的情况? 如图 8-4 所示:

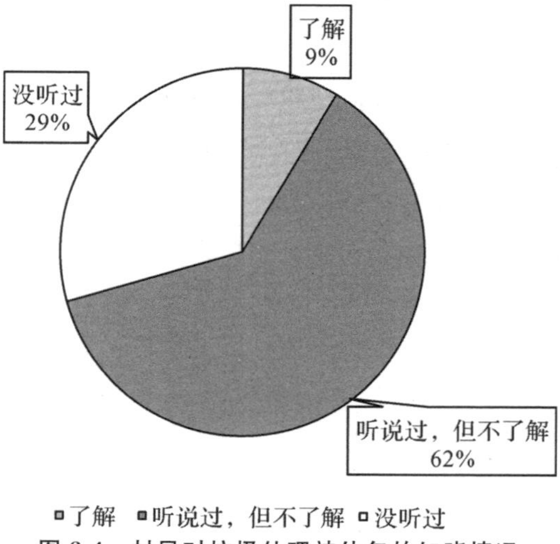

图 8-4　村民对垃圾处理被外包的知晓情况

问题二：您认为农村垃圾处理的主要责任在谁？如图 8-5 所示：

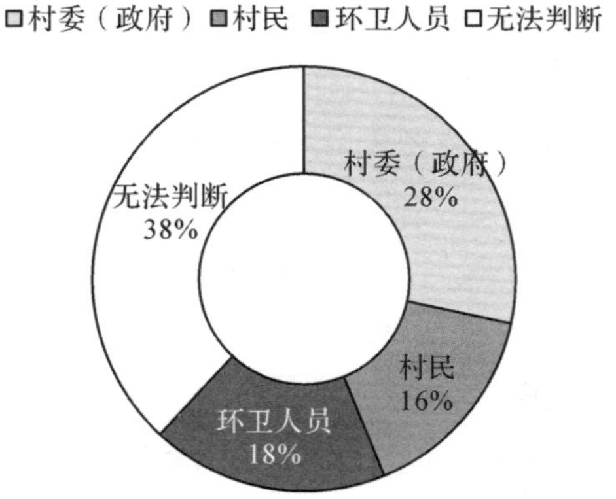

图 8-5　农村垃圾处理主要责任判断的调查

问题三：您在日常生活中是否将垃圾丢入指定堆放处？如图 8-6 所示：

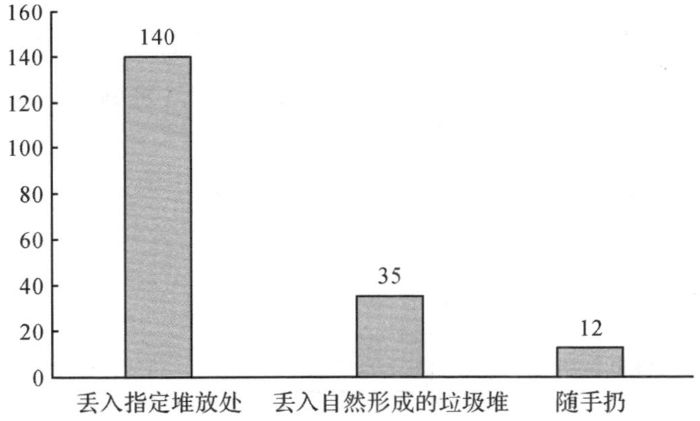

图 8-6　是否将垃圾丢入指定堆放处的调查统计

问题四：您对于向家庭收取垃圾处理费用的态度，如图 8-7 所示：

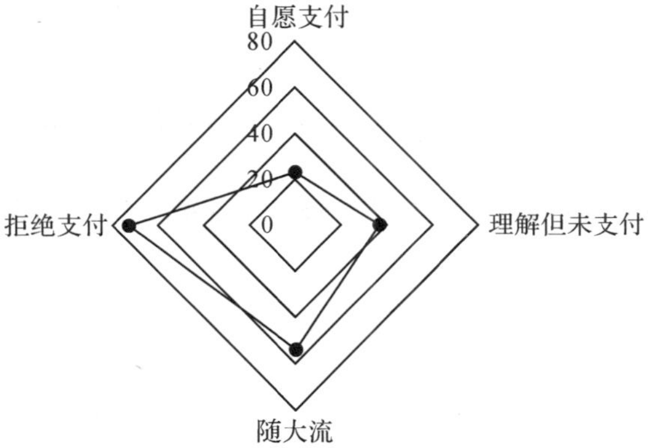

图 8-7　对于向家庭收取垃圾处理费用的态度

通过对上述问题的调查发现,村民对于目前实行垃圾治理上的外包型 PPP 模式有所了解,只有 29%的人未听说过,这也得益于各村通过书面告知、村宣传栏、村务公开等形式的宣传工作。由于该模式尚未在垃圾产生、分类等垃圾处理的前端领域实施,因此从垃圾制造出来、丢入垃圾桶(箱),到垃圾被环卫人员清走,这一环节需要村民的支持,也会为后续垃圾的清运、处理环节节约成本、提供方便。但是,在被调查的 187 人中,仍有 47 人未将垃圾放入指定堆放处,比例超过 1/4。同时,对于实行以村为单位的外包制所带来的垃圾处理收费问题,还未被绝大多数村民所接受,就目前了解到的情况和问卷反馈可知,大约只有 12%的村民支付了垃圾处理费。由于之前政府对垃圾治理大包大揽,一旦实行新模式、新措施之后,村民对其不甚了解,而该举动又触及了村民自身的直接经济利益,本能地被村民所排斥。关于垃圾治理主体责任方面,仅有 16%的村民认为自己对于垃圾治理负有责任,有 28%的人认为责任在于政府、村委,有 38%的人认为不好判断。在发放问卷的过程中,笔者也注意到被调查者中相当一部分本地村民将责任界定为外来务工人员,却很少注意到自身的责任。

(3) 对当前垃圾治理的满意度调查。

问题一:您是否就垃圾处理向村委、政府或者企业方面提出过自己的意见?如图 8-8 所示:

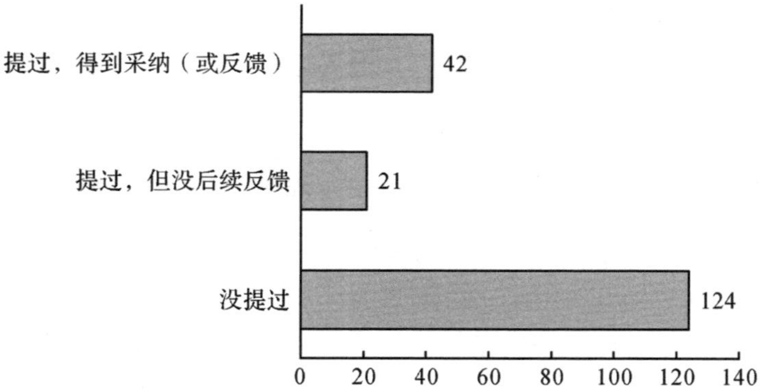

图 8-8 是否就垃圾处理向村委、政府或者企业方面提出过自己的意见的调查统计

问题二:您对当前村垃圾处理情况满意程度,如图 8-9 所示:

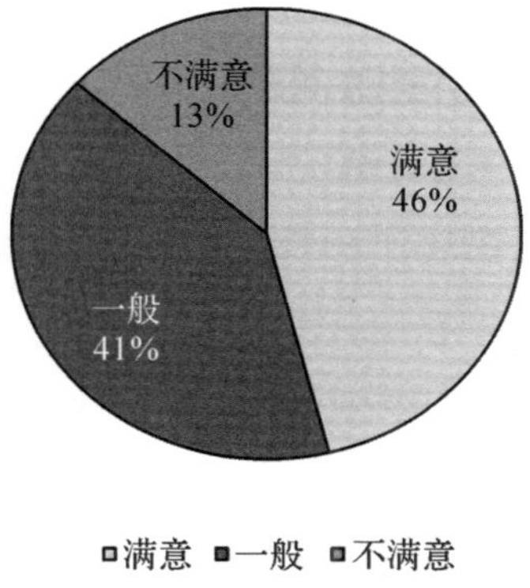

图 8-9　对当前村垃圾处理情况满意程度

问题三:您认为当前农村垃圾处理中存在的问题,如图 8-10 所示:

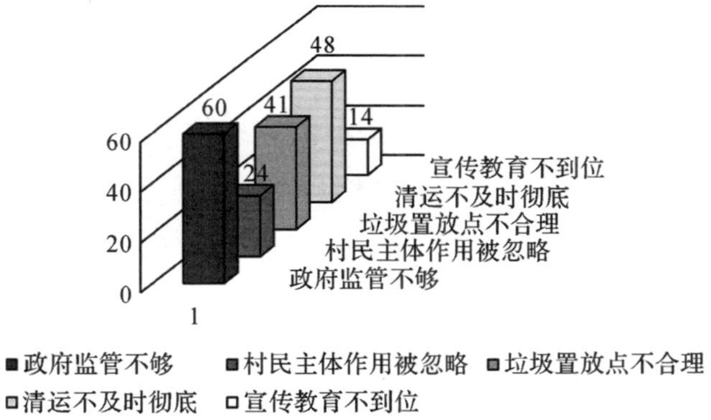

图 8-10　当前农村垃圾处理中存在的问题的调查统计

从问卷调研结果来看,阳明街道村民对当下垃圾治理情况并不是很满意,仍有 13%和 41%的村民对此感到不满意或者一般。同时,村民在感到不满意时,只有 33.7%的村民向村委、政府或企业方面提出了建议,但是在这些提出建议的村民中有将近 1/3 的人没有得到反馈或者合理的解释。

另一方面,村民认为政府监督不力、清运过程中环卫人员清理不及时彻底、当地垃圾置放点设置不合理等原因是本村垃圾治理的短板所在,这主要涉及政府的监管缺失、企业未积极运作履行责任和基础设施建设不合理等因素。

四、阳明街道农村垃圾治理的问题

1. 项目监管缺失，主体责任转移

PPP 模式由街道办事处发起招标，分散采购各村的垃圾处理项目，垃圾处理外包于社会服务商后，各村村委从最初农村垃圾处理的主要责任人和执行者，转变成了间接管理者和监督者，也成为实际上政府的基层代言人。在对村干部的访谈中问及“PPP 模式处理农村垃圾带来的好处”时，绝大多数村干部的回答是减少了许多麻烦，包括花钱雇佣和管理保洁员、维护垃圾处理设施、处理群众的投诉等。PPP 模式处理农村垃圾，将项目的运营和服务工作交由社会机构企业来完成，很大程度上减轻了村干部的负担，但这不排除部分村干部存在着当“甩手掌柜”的心态。支付相应的服务费，并不意味着农村垃圾处理这一块就不再是村委的工作内容。社会资本从投标审查、中标、项目签署到实施等环节，服务对象为本村的垃圾卫生，垃圾处理程度的好坏也关系到村委的日常治理工作，尤其是在对农村垃圾处理项目的监督评估上，村委更是政府在基层的直接监督者，对于垃圾处理的成效相较于上级政府而言更有发言权。但事实上，各村存在着不同程度的对 PPP 项目的监管缺失情况。由于村委不再是垃圾处理的执行者，对于社会企业在处理农村垃圾过程中的具体操作和细节并不了解，存在着信息的不对称情况；同时农村垃圾治理的成效较难用量化的方式评判，大多以评判人主观臆断为准，对于村民的评判则更多的是从日常生活的体验中得出，因此成效的评判也具有一定的时间跨度和动态性。

另一方面，村委就其定义而言是村民自治组织，却承接了大量的基层政府职能，政令从上级政府层层传递到村级，由村委派人组织、宣传和执行，俨然是基层政府的执行者角色。但是村委的权限和组织等都受到上级政府和党委的限制，各村的村委工作人员配置不超过 10 人，其中还存在着挂职、退休等现象，真正在职工作的人更是寥寥无几。管理人员的不足，使得村委日常工作较为繁忙，对于 PPP 模式的监管也就能不管则不管，甚至全然放手于社会资本运作。

在向社会企业支付一定的服务费的同时，也意味着村委在农村垃圾治理上的责任被转移至社会企业。社会资本承担起了农村垃圾治理上的运营和维护责任。在公共服务市场化的过程中，社会资本自身具有的经济属性使其不自觉地追求经济效益而忽视社会责任，将垃圾处理的责任完全转移到社会企业的做法就目前而言尚不成熟。PPP 模式被村委视为责任转移的潜在依据，连同监管责任也被遗弃，而社会资本以其逐利性无法独立承担这一责任，造成了事实上的责任真空。

2. 村民参与感不足，各方缺乏良性互动

村民作为农村垃圾治理的直接受益者，能最直观地感受到垃圾治理的成效。从调研中得知绝大多数村民对于采用 PPP 模式处理垃圾这件事并不在意，而更在意的是通过该举动所得到的结果。在未引入社会资本之前，由村委直接负责农村的垃圾处理，一般的做法是由村委和环卫局共同在当地招募保洁员，该保洁员多为本村村民，由其负责每日垃圾的清扫和收集运输。保洁员和村民是双向沟通关系，村民有问题即时反馈，保洁员及时处理或上报到村委。引入 PPP 模式后，尤其是外包型的垃圾处理项目，原有的保洁员被取消，由社会企业统一派工作人员进村收集垃圾进行搬运，每天两次即收即走的操作方式使得村民与其难以进行沟通交流。在调查中笔者发现大多数村民在遇到问题的时候把“向村委反映情况”作为自己的首选项，但是在当下的模式下村委已然不是垃圾治理直接参与者，于是信息的传递以“村民一村委一社会企业”为路径展开，路径变长、涉及人员变多，使得信息传递的有效性、及时性难以得到保证。这常常会导致原本一个小需求经过长时间的传递还没落实的现象的出现。

相较于之前而言，群众与社会企业之间则缺乏良性互动。这不仅是在双方的问题沟通上，也体现在群众参与对 PPP 模式下农村垃圾治理项目的监督上。村民中普遍学历较低，且经济社会的发展使得农村的凝聚力下降，追求私人所有而忽略公共意识，对于垃圾分类和处理的不重视，也谈不上对社会企业在垃圾处理上的监管。再者，即使群众对垃圾处理行使监管权力，从群众到社会企业的监管渠道是否打通也是问题。在调研的过程中发现对于群众监管社会资本的这一说法并未真正采用，其中一位村干部回答正如上文所阐述的，理论上

由村委收集村民的意见，统一向社会企业提出要求，然而现实中并未采取过这一措施，也无从得知其是否行得通。假设按照此方式，群众和村委事实上存在着一定的利益差异，村民和村委的共同目标是农村环境卫生的改善，包括垃圾处理，但是细分后村民更多地侧重于具体操作过程，且基于不损害自身利益的前提；而村委则从宏观层面，兼顾政府的工作目标，考虑成本一收益问题。既然二者存在差异，村委并不能完全代表村民的意愿，而村民人微言轻，配合程度不高，对于能拿到固定服务费用的社会资本并不会产生多大影响。这就进一步造成村民对农村垃圾治理的参与度下降。这其实是违背了 PPP 模式中多方参与的理念。

同时，调研过程中也出现了一个很有意思的现象，该村在垃圾堆放点中放置了可承装不同类型垃圾的垃圾桶，同时以颜色作为区分，以方便村民垃圾分类，但是保洁人员开车来进行垃圾清运时将所有垃圾一股脑儿倒入垃圾车中，破坏了已经由村民初步进行的垃圾分类。

3. 垃圾处理尚未完全开放，PPP 仍存在发展空间

阳明街道农村的垃圾处理项目，采取的是以村为单位分散采购的方式，换而言之该项目规模小，周期也相较常规的 PPP 项目较短，金额由于各村需求不同有所差异，利润较小；另一方面，农村垃圾治理项目采用的是 O&M 的外包性 PPP 模式，村委支付给社会企业的服务费在招标之初就已经公布，且固定不变。为此社会资本进入后为谋求更大的经济效益，在完成既定目标的同时，会不自觉地降低服务质量，压缩运营成本，这势必会对最终垃圾治理的成效产生影响。

同时，笔者选取了几个村的 PPP 项目合同进行研究时发现，部分村对于社会企业的要求是对全村的垃圾收集运输、道路水岸的清扫等，换言之在村内的生活垃圾全权交予社会企业负责处理，但是在实地调研中发现，该村的基础设施如垃圾桶、垃圾池等仍由村委提供，该种设施由村委通过街道发起单独的行政采购流程进行采购。这其实是将垃圾处理的服务过程和基础设施割裂开来，垃圾处理的服务离不开基础设施的支持，如果垃圾桶数量较少，大量垃圾堆放在一个桶中，势必会造成该垃圾桶周围堆满垃圾，产生二次垃圾污染。在固定的垃圾设施配备下，垃圾处理服务也仅限于垃圾运输领域，没有较大的发挥空

间，不利于发挥社会资本的活力和积极性。

各村的 PPP 模式大都集中在垃圾的收运领域，对于垃圾处理的前端即垃圾分类上很少涉及。长期以来农村垃圾处理领域从垃圾收集、运输等环节开始，缺乏垃圾前端的分类处理，这也是农村垃圾污染严重的原因之一。农村垃圾问题的解决，只有在垃圾分类上做出行动，才会方便后者的垃圾收运和处理，通过垃圾分类将部分可回收垃圾区分处理，提高资源使用效率。而一股脑的垃圾收运只会给后面的垃圾处理环节造成不必要的麻烦和增加成本。目前垃圾分类这一环节的责任正逐渐从保洁员向村民自身转移。

五、阳明街道农村垃圾处理的对策

1. 加强村委、政府管理

(1)完善垃圾治理领域的相关法规细则。

将 PPP 模式引入垃圾治理领域，需要政府的引导和支持。近几年我国出现的 PPP 热潮也带动了有关 PPP 模式政策法规的出台，当 PPP 模式与某一领域相结合时，如垃圾治理领域，政府需要针对垃圾处理的各个环节提出相关规定规范社会资本的运作。在遵守法律大纲的前提下，根据垃圾处理领域的特点，结合专家学者和村民代表的意见，出台可操作的垃圾处理细则，指导社会资本的运作方向，确立垃圾处理的底线。

(2)加强对农村垃圾治理 PPP 项目的监管。

PPP 项目中政府监管的缺失，极易导致社会资本因其逐利性而降低服务水平。为此村委、政府需对正在实施的垃圾处理项目进行定期的检查评估。建立垃圾处理的考核和评价体系，在垃圾处理的各环节中，如垃圾收集、垃圾运输、垃圾处理等，考虑各环节的要点，设立关键性考核指标，将其量化采用打分的方式进行绩效评判。打分的人可选取街道办、村委干部、村民人员等进行他评，由社会企业进行自评，将村民纳入参与监管的主体中，综合多方的反馈意见，得出最后的分数或等级。根据最后的得分、等级，结合日常运行现状，对该项目进行总结反思，提出后续改进措施。

同时，建立和完善PPP项目的良性准入及退出机制，在PPP项目的招标过程中公开透明，吸引更多优质的社会资本进入，权衡比较选择出最佳的供应商中标，实现项目的物有所值。在PPP项目实施过程中，及时引导和监管社会企业，对违规操作、考核中评价低者，考虑将其退出该项目，双方协商完成该企业的退出事宜，重新招募更优质的社会资本进入，或者由当地政府承担剩余部分项目的推进。

2. 充分调动村民对于垃圾处理的参与感，提升环保意识

村民既是垃圾的制造者，也是垃圾处理的直接受益者。由于公共物品的属性使得村民个体的责任被分散隐藏。因此，要让村民意识到自己的行为其实对垃圾处理是负有责任的，而不是一切交由政府买单，必须遵守国家的规章制度，为农村的垃圾处理事业做出努力和贡献，尤其是对垃圾收费制度的理解和接受，提高其付费意识。

政府、村委要重视对村民环保意识的培养和教育，通过村宣传栏，向村民发放宣传手册，举办相关讲座、文化活动等方式将环境保护的教育融入其中。对于村中的儿童，则通过在学校的课程教育，引导中小学生养成良好的环保意识和卫生习惯。另外，注重培养农村的凝聚力，增强村民的公共意识，由逃避分散责任变成勇于承担公共责任。在宣传教育中，注重帮助村民权衡垃圾处理的利弊，理解良好的垃圾分类对于方便后续垃圾处理、改善村环境卫生及个人生活水平提升的重要性。培养村民在垃圾制造源头就进行垃圾分类的良好习惯。

充分调动村民的主观能动性，利用村民第一手接触体会村环境卫生的优势，引导和鼓励村民参与PPP项目的监督，通过日常生活中对垃圾处理的留意和观察，提出相关的问题和针对性的看法。明确PPP项目中村民和村委监督的重要性和价值，集中村民的智慧和意见，对于PPP项目运作的改进会产生很大的帮助。同时，疏通村民和村委、社会资本的沟通反馈渠道，减少其中的沟通成本和不必要的重复沟通，对于简单的垃圾处理问题由村民与社会企业的员工直接沟通解决，对于较为复杂、重大的问题则由村委出面向社会企业进行沟通，确保村民沟通的双渠道顺畅可行。在村民提出要求和质疑时，村委和社会企业尤

其是后者要建立快速反应机制，解决村民的需求，对于重要问题及时与村委沟通协商，向村民公布，使信息传递透明高效化。

六、结论与讨论

当下，国家对于乡村振兴和环境保护越来越重视，而农村中垃圾治理问题则是二者结合的体现。对于改善农村环境卫生、提升农民生活水平，满足村民的生态环境需求，成为农村村委和政府亟待解决的问题。PPP 模式作为一种全新的解决方案，将社会资本引入垃圾处理服务的供给和运营中来，得到了各村的积极响应。它极大地解决了村委和政府人力、资金不足的问题，将日常的垃圾处理运营环节交给社会企业运作，也减轻了村委的工作负担，同时发挥出社会资本的活力，对于村民、村委政府和社会资本而言是三赢的局面。余姚市阳明街道农村采取的是 PPP 模式中的 O&M 外包型，将农村垃圾收运和处理环节外包于社会资本，并为此支付一定的服务费。笔者通过对余姚市阳明街道各村采取 PPP 模式进行垃圾治理的做法调查研究，发现该模式在运作过程中的问题并分析，从村民、村委、社会资本等多角度提出对策建议，助力实现农村垃圾治理的共赢局面。

笔者主要是从对村委的访谈和村民的问卷调查进行分析探讨，对于垃圾处理的具体环节资料有所欠缺，未加以详细分析，存在一定的主观性和局限性，需要进一步完善。

（杨旭东、张国芳）

第九章　乡村社会资本的生长与培育

一、社会资本来源的理论

社会资本是如何产生的，实证研究认为社会资本与良好运行的民主制度①、个人幸福②、乐观与宽容③、经济增长④和民主的稳定性⑤有关。

---

①Putnam, Robert D., *Making Democracy Work: Civic Traditions in Modern Italy*, Princeton: Princeton University Press, 1993; Newton, Kenneth, "Social Capital and Democracy in Modem Europe." in Deth, Van J. W. et al. eds. *Social Capital and European Democracy*, London:Routledge,1999 ; Woolcook, Michael, "The Place of Social Capital in Understanding Social and Economic Outcomes," Journal of Policy Research, 2001(2), pp. 11－16.

②Helliwell, John F., *How's Life? Combining Individual and National Variables to Explain Subjective Well－Being*, Cambridge: National Bureau for Economic Research, 2002.

③Uslaner, Eric, *The Moral Foundation of Trust*, New York: Cambridge University Press,2002.

④Knack, Steve and Philip Keefer, "Does Social Capital Have an Economic Payoff?. A Cross－Country Investigation," *Quarterly Journal of Economics*, 1997(112), pp. 1251－1288.

⑤Inglehart, "Trust, Well－being and Democracy", in Warren, M. E. ed., *Democracy and Trust*, New York: Cambridge University Press, 1999, pp. 88－120.

1. 社会中心的观点

社会中心的观点被认为是“公民态度的发展和解决集体行动困境的能力是存在于各种形式的社会交往中，例如志愿组织的成员资格，之所以把这种路径称为社会中心的观点，是因为社会资本的公民态度的成分与社会交往（尤其是面对面的社会交往）有着直接紧密的相关”。① 这是“自下而上的”“使民主运转起来”的“公民社群主义”的解决办法。

2. 制度中心的观点

作为对社会中心和历史决定观点的反应，制度中心的观点认为社会资本的生长需要制度的嵌入，与正式的政治制度和法律制度相联系。② 根据这些学者的观点，他们认为社会资本不是独立存在于市民社会的王国中，而是与政府或者政治息息相关的。政府或者政治能够创造、沟通、影响社会资本的数量和类型。公民发展合作的网络和建立社会信任的能力也是深受政府制度和政治影响的。这种观点暗含的意思认为制度机制确实是有利于培育社会资本的。对比社会中心的观点，制度的模式更适合于政治领域。

社会资本是政府制度的产物。“能够减少狭隘的和危险的人们之间的相互依赖，能够有助于在充满分歧和互相猜忌的群体之间建立和平的均衡。”③“社会资本的产生可能是政府制度的运作。”④“社会资本是对政府制度信任的结果”，⑤“公共制度如果是可信的能够激发更多的对政府机构和制度的信任，有助

---

①持社会中心观点的学者主要有 Banfield (1958)；Fukuyama (1999)；Putnam (1993)。

②Berman (1997)； Hall (1999)；Levi (1998)； Rothstein and Kumlin (2001)； Stolle (2002)； Tarrow (1996).

③Levi, Margaret, “Social and Unsocial Capital: A Review Essay of Robert Putnam's Making Democracy Work”, *Politics and Society*, 1996, 24 (1), p. 51.

④Rothstein, Bo. , “Social Capital in the Social Democratic Welfare State,” *Politics and Society*, 2001(29), p207.

⑤Brehm, John and Wendy Rahn, “Individual — Level Evidence for the Causes and Consequences of Social Capital,” *American Journal of Political Science*, 1997(41), p1018.

于社会资本的建构，尤其是长期的时间内”。① 斯蒂格利茨也认为“社区创造的社会资本并不一定非得优越于政府创造的社会资本，在某些情况下反而并不如政府创造的社会资本，应当注意到，认识社会资本并承认在它的供给中公共部门起着重要的角色，并不就指定了由谁来担当这种角色。”②有意识的外部干预也被认为是增加社区社会资本的一种手段。主动地通过政府机构、非政府组织培育地方组织认为是增加社会资本的一项可行的机制。③ 更间接的是，现代化、商业化、基层组织的民主能够慢慢灌输公民精神，从而建立信任和合作。

社会资本的社会中心和制度中心的观点表明社会资本的形成体现在人与人之间的关系中；它要求激活这一关系，以扩大其能力，选择和参与，以实现其共同利益；而制度中心的观点要求将社会资本与民主、发展联系起来，以维持和促进国家与社会之间的互动。

二、社会资本影响因素的实证检验

1. 社会资本的现状分析

本研究使用2015年中国综合社会调查(CGSS)数据，利用因子分析测度分析社会资本的影响因素，本部分通过OLS模型进一步检验了人际交往、人际信任和社会认同三个维度社会资本的影响因素差异性，最终得到以下研究结论：

在人际交往方面，社会阶级变量和家庭经济收入水平均在1%的显著性水平上对人际交往有显著的负向影响，说明社会阶层越高或是家庭经济收入水平越高的群体，其人际交往维度的表现相对较弱。学历和宗教偏好对人际交往的影响同样显著，具体表现为以小学及以下学历为参照组，其余学历的人际交往

①Hall, Peter, “*Social Capital in Britain*”, British Journal of Political Science, 1999 (29), pp. 417－461.

②斯蒂格利茨，《正式和非正式的制度》，载曹荣湘选编：《走出囚徒困境：社会资本与制度分析》(视点丛刊)，上海三联书店2003年版，第116页。

③World Bank, *New Paths to Social Development: Community and Global Networks in Action*, Washington D. C.: The World Bank, 2000.

得分显著更低；以佛教为参照组，基督教、儒家思想、其他偏好类型（以不信教为主）在人际交往得分上显著更高。

在人际信任方面，家庭经济状况越好，年龄越大的群体，人际信任得分越高，相对于其他民族而言，汉族人士信任度更低，已婚与丧偶群体相对于未婚人士而言，人际信任水平更低，基督教信徒的人际信任水平显著高于其余宗教偏好群体。如表 9-1 所示：

表 9-1　社会资本的影响因素

变量	人际交往	人际信任	社会认同
个人收入	−0.00708 (0.0108)	0.0192 (0.0154)	−0.0169* (0.00904)
阶层认同	−0.0574** (0.0260)	0.00847 (0.0370)	0.140*** (0.0217)
家庭经济状况相对水平	−0.289*** (0.0607)	0.164* (0.0862)	0.286*** (0.0506)
家庭收入水平	−0.00485 (0.0149)	0.0464** (0.0211)	0.0281** (0.0124)
家庭人口	0.00302 (0.0201)	0.0304 (0.0285)	0.00991 (0.0167)
民族	−0.0178 (0.160)	−0.517** (0.228)	−0.0570 (0.134)
性别	−0.105 (0.0846)	0.0699 (0.120)	−0.0179 (0.0705)
受教育水平 （小学及以下为参照组）			
初中	−0.296*** (0.0994)	−0.207 (0.141)	0.0490 (0.0828)
高中/中专/技校	−0.497*** (0.145)	−0.0843 (0.206)	0.139 (0.121)
大专及以上	−0.843*** (0.237)	−0.113 (0.336)	0.230 (0.198)
政治面貌	−0.185 (0.185)	0.0629 (0.262)	−0.0784 (0.154)
年龄	0.00959*** (0.00310)	0.0157*** (0.00440)	0.0143*** (0.00259)
婚姻状况 （未婚为参照组）			

续 表

变量	人际交往	人际信任	社会认同
已婚	0.150 (0.154)	−0.564** (0.219)	−0.0103 (0.129)
离婚	0.299 (0.423)	−0.176 (0.600)	−0.0301 (0.352)
丧偶	0.275 (0.210)	−0.927*** (0.298)	−0.0177 (0.175)
宗教偏好 (佛教为参照组)			
道教	0.106 (0.190)	0.439 (0.270)	0.428*** (0.159)
基督教	0.368*** (0.117)	0.375** (0.167)	0.0718 (0.0979)
伊斯兰教	0.421* (0.220)	0.0544 (0.312)	0.0923 (0.183)
儒家思想	0.232** (0.117)	0.224 (0.166)	0.153 (0.0973)
其他	0.554*** (0.104)	−0.00433 (0.148)	0.173** (0.0870)
常数项	0.467 (0.311)	−1.016** (0.441)	−2.297*** (0.259)
Observations	1240	1240	1240
F统计量	10.36	2.81	9.89
Prob>F	0.000	0.000	0.000
R−squared	0.145	0.044	0.140

Standard errors in parentheses

*** $p<0.01$, ** $p<0.05$, * $p<0.1$

2. 社会资本的社会影响因素分析

为了进一步比较不同区域中社会资本影响因素的差异性，本部分进行不同地区的分样本回归，通过比较发现一些变量在不同地区的影响程度存在一定差异性。

阶层认同在东部地区对人际交往得分有显著的负向影响，但是这样的影响在中西部地区并不存在，与之对应的是，阶层认同对社会认同的影响在中部和西部地区较为明显，在东部地区则相对较弱。家庭经济状况相对水平、家庭收入水平等经济因素在中西部地区对社会资本的影响明显高于东部地区。民族、宗教偏好、学历等因素对社会资本的影响，在西部地区较为显著，在东中部地区这一影响相对较弱。表 9-2 所示：

表 9-2　不同区域的社会资本影响因素

变量	东部			中部			西部		
	人际交往	人际信任	社会认同	人际交往	人际信任	社会认同	人际交往	人际信任	社会认同
个人收入	0.0125 (0.0280)	0.0402 (0.0377)	0.00174 (0.0208)	−0.0210 (0.0161)	0.0400* (0.0213)	−0.00819 (0.0125)	−0.00323 (0.0179)	−0.0234 (0.0282)	−0.0448** (0.0177)
阶层认同	−0.175** (0.0684)	0.170* (0.0919)	0.0933* (0.0507)	−0.00244 (0.0419)	0.00106 (0.0553)	0.153*** (0.0323)	−0.0474 (0.0382)	−0.104* (0.0601)	0.134*** (0.0376)
家庭经济状况相对水平	−0.240 (0.163)	0.156 (0.219)	0.241** (0.121)	−0.303*** (0.0945)	0.293** (0.125)	0.388*** (0.0729)	−0.280*** (0.0911)	0.00477 (0.143)	0.220** (0.0898)
家庭收入水平	−0.00140 (0.0350)	0.0383 (0.0471)	0.0438* (0.0260)	0.0181 (0.0238)	0.0143 (0.0314)	0.00488 (0.0184)	−0.0324 (0.0232)	0.0951*** (0.0365)	0.0430* (0.0228)
家庭人口	−0.0121 (0.0528)	0.0141 (0.0709)	0.0360 (0.0391)	−0.0165 (0.0316)	0.0736* (0.0416)	−0.0275 (0.0243)	0.0103 (0.0311)	0.0376 (0.0490)	0.0398 (0.0306)
民族	0.274 (0.828)	−0.537 (1.112)	−0.720 (0.614)	−0.183 (0.262)	0.341 (0.346)	0.0230 (0.202)	0.250 (0.208)	−1.398*** (0.328)	−0.142 (0.205)
性别	−0.0977 (0.217)	−0.111 (0.292)	0.133 (0.161)	−0.0247 (0.132)	0.193 (0.174)	0.00413 (0.102)	−0.293** (0.128)	0.131 (0.202)	−0.107 (0.126)
受教育水平（小学及以下为参照组）									
初中	−0.0647 (0.249)	−0.335 (0.335)	0.0257 (0.185)	−0.240 (0.153)	−0.212 (0.202)	0.0182 (0.118)	−0.365** (0.155)	−0.389 (0.244)	0.0786 (0.153)
高中/中专/技校	0.559 (0.380)	−0.370 (0.511)	−0.0470 (0.282)	−0.657*** (0.206)	−0.228 (0.272)	0.180 (0.159)	−0.705*** (0.250)	0.269 (0.394)	0.0583 (0.246)

续 表

变量	东部			中部			西部		
	人际交往	人际信任	社会认同	人际交往	人际信任	社会认同	人际交往	人际信任	社会认同
大专及以上	−0.833 (0.589)	−0.347 (0.791)	−0.301 (0.437)	−0.338 (0.345)	−0.0957 (0.456)	0.451* (0.266)	−1.426*** (0.401)	−0.281 (0.631)	0.00363 (0.395)
政治面貌	−0.0475 (0.386)	−0.0987 (0.519)	−0.500* (0.286)	−0.322 (0.288)	−0.0932 (0.380)	−0.128 (0.222)	−0.142 (0.317)	0.332 (0.499)	0.308 (0.313)
年龄	0.00807 (0.00773)	0.0215** (0.0104)	0.0118** (0.00573)	0.0118** (0.00471)	0.0128** (0.00621)	0.0161*** (0.00363)	0.00955* (0.00503)	0.0163** (0.00793)	0.0113** (0.00496)
婚姻状况(未婚为参照组)									
已婚	0.181 (0.404)	−0.683 (0.543)	−0.290 (0.300)	0.481** (0.242)	−0.708** (0.319)	0.0511 (0.186)	−0.279 (0.237)	−0.534 (0.373)	−0.0588 (0.234)
离婚	−0.258 (0.893)	−0.143 (1.199)	−0.214 (0.662)	0.484 (0.705)	0.0566 (0.930)	−0.162 (0.544)	0.380 (0.664)	−0.431 (1.047)	−0.0120 (0.655)
丧偶	0.314 (0.530)	−1.200* (0.712)	0.0507 (0.393)	0.572* (0.330)	−0.931** (0.435)	−0.133 (0.254)	−0.0516 (0.321)	−0.947* (0.506)	−0.0573 (0.317)
宗教偏好(佛教为参照组)									
道教	0.385 (0.469)	0.314 (0.630)	−0.132 (0.347)	0.148 (0.357)	−0.415 (0.471)	−0.0379 (0.275)	−0.0187 (0.255)	0.994** (0.402)	0.860*** (0.251)
基督教	0.997*** (0.339)	0.679 (0.455)	−0.192 (0.251)	0.310** (0.150)	0.174 (0.198)	0.0151 (0.116)	0.0702 (0.281)	−0.00921 (0.442)	0.423 (0.277)
伊斯兰教	1.272 (0.894)	1.619 (1.201)	−0.289 (0.663)	2.120 (1.364)	−2.046 (1.799)	−1.929* (1.052)	0.533** (0.269)	−1.293*** (0.424)	−0.0414 (0.266)

续　表

变量	东部			中部			西部		
	人际交往	人际信任	社会认同	人际交往	人际信任	社会认同	人际交往	人际信任	社会认同
儒家思想	0. 457 * (0. 255)	1. 033*** (0. 343)	0. 283 (0. 189)	0. 366* (0. 210)	0. 140 (0. 277)	0. 208 (0. 162)	0. 125 (0. 169)	−0. 0530 (0. 266)	0. 106 (0. 166)
其他	0. 890*** (0. 300)	0. 596 (0. 403)	0. 207 (0. 222)	0. 443*** (0. 143)	−0. 266 (0. 188)	0. 0774 (0. 110)	0. 523*** (0. 187)	−0. 0362 (0. 294)	0. 381** (0. 184)
常数项	−0. 273 (1. 089)	−1. 947 (1. 463)	−1. 289 (0. 807)	0. 0339 (0. 492)	−1. 678*** (0. 649)	−2. 488*** (0. 379)	1. 016** (0. 462)	0. 224 (0. 727)	−1. 950*** (0. 455)
Observations	228	228	228	570	570	570	442	442	442
F 统计量	2. 19	2. 67	2. 17	4. 74	1. 80	6. 56	5. 66	2. 17	3. 66
Prob>F	0. 003	0. 000	0. 004	0. 000	0. 018	0. 000	0. 000	0. 000	0. 000
R−squared	0. 174	0. 205	0. 174	0. 147	0. 062	0. 193	0. 212	0. 094	0. 148

3. 社会资本的制度影响因素分析

表 9-3 社会资本的制度影响因素之一

VARIABLES	(1) 人际信任	(2) 人际信任	(3) 人际信任	(4) 人际信任	(5) 人际信任	(6) 人际信任
f101	−0.241** (0.100)					−0.194* (0.102)
f153		0.292** (0.124)				0.123 (0.149)
f154			0.342*** (0.112)			0.263* (0.137)
f155				0.130 (0.104)		−0.0102 (0.127)
f182					0.0556 (0.0924)	−0.0373 (0.107)
income	0.00250 (0.0297)	0.0100 (0.0300)	0.0139 (0.0299)	0.000509 (0.0299)	0.00203 (0.0300)	0.0152 (0.0301)
家庭经济状况	0.194 (0.153)	0.200 (0.153)	0.181 (0.152)	0.196 (0.155)	0.184 (0.155)	0.197 (0.153)
income_family	0.0590 (0.0368)	0.0461 (0.0377)	0.0493 (0.0369)	0.0619 * (0.0371)	0.0639* (0.0372)	0.0409 (0.0376)
家庭规模	−0.0653 (0.0497)	−0.0741 (0.0497)	−0.0754 (0.0495)	−0.0678 (0.0499)	−0.0654 (0.0504)	−0.0756 (0.0500)
民族	−0.542* (0.309)	−0.602* (0.309)	−0.495 (0.309)	−0.572* (0.311)	−0.573* (0.312)	−0.497 (0.311)
性别	0.00810 (0.223)	−0.0656 (0.224)	−0.0869 (0.223)	−0.0374 (0.225)	−0.0281 (0.226)	−0.0634 (0.225)

续　表

VARIABLES	(1) 人际信任	(2) 人际信任	(3) 人际信任	(4) 人际信任	(5) 人际信任	(6) 人际信任
教育 2	−0.506** (0.253)	−0.422 (0.256)	−0.430* (0.253)	−0.493* (0.255)	−0.508** (0.256)	−0.409 (0.255)
教育 3	−0.292 (0.396)	−0.227 (0.395)	−0.171 (0.394)	−0.234 (0.397)	−0.215 (0.399)	−0.242 (0.396)
教育 4	−1.334** (0.608)	−1.185* (0.608)	−1.087* (0.607)	−1.172* (0.616)	−1.230** (0.616)	−1.178* (0.613)
政治面貌	0.670 (0.435)	0.689 (0.436)	0.727* (0.434)	0.622 (0.437)	0.610 (0.438)	0.783* (0.435)
age	0.0140* (0.00814)	0.0144* (0.00814)	0.0155* (0.00811)	0.0139* (0.00819)	0.0144* (0.00822)	0.0150* (0.00815)
marry2	−0.744** (0.373)	−0.764** (0.373)	−0.788** (0.371)	−0.723* (0.375)	−0.751** (0.376)	−0.785** (0.373)
marry3	−0.774 (1.006)	−0.881 (1.003)	−0.735 (1.000)	−0.951 (1.008)	−0.952 (1.013)	−0.599 (1.006)
marry4	−1.103** (0.524)	−1.099** (0.524)	−1.199** (0.522)	−1.078** (0.528)	−1.129** (0.528)	−1.155** (0.525)
Constant	0.616 (0.772)	−1.007 (0.825)	−1.280 (0.821)	−0.450 (0.789)	−0.254 (0.797)	−0.694 (0.952)
Observations	386	386	386	386	386	386
R−squared	0.087	0.087	0.096	0.077	0.074	0.107

在不考虑其他制度因素的情况下：
(1)认为法律该管的不管现象越突出的群众，人际信任水平越低。
(2)到行政机关解决效果和法院起诉效果越好的群众，人际信任水平越高。

表 9-4　社会资本的制度影响因素之二

VARIABLES	(1) 人际交往	(2) 人际交往	(3) 人际交往	(4) 人际交往	(5) 人际交往	(6) 人际交往
f101	−0.0406 (0.0724)					−0.0521 (0.0741)
f153		−0.122 (0.0891)				−0.146 (0.108)
f154			−0.0358 (0.0813)			0.0231 (0.0995)
f155				−0.0169 (0.0746)		0.0231 (0.0926)
f182					−0.0313 (0.0662)	−0.0229 (0.0778)
income	0.0287 (0.0214)	0.0249 (0.0216)	0.0272 (0.0217)	0.0286 (0.0215)	0.0281 (0.0215)	0.0248 (0.0218)
家庭经济状况	−0.434*** (0.111)	−0.446*** (0.110)	−0.437*** (0.110)	−0.439*** (0.111)	−0.440*** (0.111)	−0.443*** (0.111)
income_family	−0.00928 (0.0266)	0.000282 (0.0271)	−0.00631 (0.0268)	−0.00752 (0.0266)	−0.00679 (0.0266)	−0.000560 (0.0273)
家庭规模	0.000877 (0.0358)	0.00238 (0.0358)	0.000924 (0.0359)	9.47e−05 (0.0358)	−0.00180 (0.0361)	0.00189 (0.0363)
民族	−0.170 (0.223)	−0.174 (0.222)	−0.189 (0.224)	−0.181 (0.223)	−0.190 (0.224)	−0.161 (0.226)
性别	−0.212 (0.161)	−0.193 (0.161)	−0.207 (0.162)	−0.212 (0.161)	−0.206 (0.162)	−0.187 (0.163)
教育 2	−0.290 (0.183)	−0.334* (0.185)	−0.302 (0.184)	−0.296 (0.183)	−0.300 (0.183)	−0.333* (0.186)

续　表

VARIABLES	(1) 人际交往	(2) 人际交往	(3) 人际交往	(4) 人际交往	(5) 人际交往	(6) 人际交往
教育 3	−0.608** (0.286)	−0.601** (0.285)	−0.605** (0.286)	−0.598** (0.285)	−0.609** (0.286)	−0.618** (0.288)
教育 4	−0.472 (0.438)	−0.499 (0.438)	−0.482 (0.440)	−0.475 (0.442)	−0.487 (0.441)	−0.507 (0.445)
政治面貌	−0.0460 (0.314)	−0.0944 (0.314)	−0.0708 (0.315)	−0.0603 (0.314)	−0.0627 (0.314)	−0.0784 (0.316)
age	0.0127** (0.00587)	0.0126** (0.00586)	0.0126** (0.00588)	0.0128** (0.00587)	0.0125** (0.00589)	0.0125** (0.00593)
marry2	−0.0822 (0.269)	−0.0685 (0.268)	−0.0750 (0.269)	−0.0822 (0.269)	−0.0713 (0.269)	−0.0627 (0.271)
marry3	−0.173 (0.726)	−0.265 (0.722)	−0.241 (0.725)	−0.220 (0.723)	−0.244 (0.725)	−0.220 (0.731)
marry4	−0.0500 (0.378)	−0.0638 (0.377)	−0.0456 (0.379)	−0.0594 (0.379)	−0.0505 (0.378)	−0.0561 (0.382)
Constant	1.011* (0.557)	1.294** (0.594)	1.026* (0.595)	0.949* (0.566)	1.010* (0.571)	1.448** (0.692)
Observations	386	386	386	386	386	386
R−squared	0.128	0.132	0.128	0.128	0.128	0.134

在不考虑其他制度因素的情况下：

(1)认为法律该管的不管现象越突出的群众，人际交往水平越低。

(2)到行政机关解决效果、法院起诉效果越好、信访效果越好的群众，人际交往水平越高。

再将全部制度因素纳入时：

(3)法律该管的不管、到行政机关解决效果对社会认同水平存在影响。

三、社会资本培育途径:基于社会和制度的视角

通过以上分析检验,社会资本受到个人特征、家庭特征与相关政治制度的影响,更重要的是社会信任,尤其是普遍信任的影响,那么社会的普遍信任从何而来呢?

1. 社会信任的来源与培育

根据社会化理论,人在早年的社会经历,包括家庭,青少年协会,同龄人组织和其他像学校体验的社会交往活动,比晚期的经历对社会资本会产生更重要的影响①。这一观点也表明人的社会资本的核心价值观都是在早年获得的,并且一生都会得以体现。研究机构也确实认可信任、互惠等价值观是通过在家庭、学校、同龄人组织及参加社区项目和青少年协会建立起来的。研究也承认成年期的变化(部分)是由于工作经历、家庭变化或者阶段性的影响而产生的,但是总体说来,这些变化不会影响早年建立起来的基本模式。

家庭社会化对于一个人的基本信任的培育起着关键性的作用。社会信任就是从幼婴儿时期培育的基本信任中发展而来。邻里社会也是一个重要的社会环境,对于儿童与青少年的社会化起着非常重要的作用。邻里社会是儿童与青少年将要进入的现实大社会的雏形,对于他们个性的塑造、人生观的形成起着决定性的影响。学校中的社会化主要是指人的学龄初期、少年时期和青年时期所进行的社会化过程。这一社会化过程主要通过有组织的、有计划的、系统的学校教育来实现。

在这一阶段,他们从基本信任中发展出了包括社会信任在内的多种信任形式。志愿性社团是由志愿参与者结成的团体,它培育与强化了社团成员之间的社会信任。

社会化功能是社会结构和文化相互作用网中的一个重要联系的基础之一,因为社会交往和政治参与,社团和组织联系了公民和他们的所处的社会、政治

①Stolle, D. & M. Hooghe, "The Roots of Social Capital: Attitudinal and Network Mechanisms in the Relation between Youth and Adult Indicators of Social Capital", *Acta Politica*, 2004, 39(4), p425.

系统,从而影响了公民态度和价值观产生的路径。而参与社会组织和社团,通过社会交往,产生了两种社会联结的方式和它们对信任的潜在有益影响。这种相互交往在外部的组织化生活中似乎更为突出,例如在各种邻里之间(Marschall and Stolle,2001),在工作地方(Mutz and Mondak,1998),在非正式网络和社区及其他机构。通过邻里和工作地点及其他的一些非正式组织和社区组织,人们之间的联系日益增多,联结的纽带日益紧密。

2. 政府在社会资本培育中的作用

政府在村庄层面的作用仍然是不可低估的,主要体现在以下几个方面:(1)政府要加强对贫困农村社区的支持力度,目前国家的精准扶贫的政策对培育农村的社会资本起到了较好的政策导入效应。(2)组织多样化和持续性的社区文体活动,例如在贵州黔东南农村举办的农民运动会,江浙农村的邻里节,我来写村史等活动激活了成员对社区的兴趣,促进村民之间的交流,增强社区成员对社区的认同感与归属感,促进社区社会信任水平和相互支持网络的建立。(3)注重农村社区地方文化传统的保存与创新,例如浙江景宁传统文化的创新,奏名学法节的创办,都是通过地方文化加强社区团结与社区认同。传师学师现代化的转换和创新,减少仪式的复杂性和迷信,加强了传师学师的娱乐性和欣赏性,通过参与仪式活动增加人们之间的交往沟通机会,培育其互助、合作与自组织能力。(4)创建民间组织,如民间文化组织、经济互助组织和兴趣爱好组织,提高村民的自组织能力和社区参与度。由于农民的自组织能力相对较低,政府专家团队等外部组织可适当加以引导和支持。(5)发挥乡村社区精英的作用,找到社区精英并对其领导力进行专门的培训。(6)国家和社会之间关系的调整,尤其是和农村社会关系的调整,长期以来,我们实行的是城乡二元政策,导致了农村的空心化和衰退,当前政策强调城乡一体化和城乡融合的导向,为培育社会资本打下了良好的政策基础。

(张国芳、胡晨沛)

附　录

附录一

编号：

浙江省社会资本与村级治理调查问卷

各位乡亲：

您好！本调查是为了深入了解目前我们农村社会主要面临的一些问题和困难，以寻求可以解决的途径和办法！问卷采用无记名的形式，请真实充分发表自己的看法，我们将尊重您的观点，对您的个人情况不对外泄露。回答问题时，请您在所选答案序号上划“√”，或在“________”处填写答案。

感谢您的支持与合作！

一、基本情况

1. 您的性别：①男　②女

2. 您的年龄是________周岁，您的政治面貌：①中共党员　②共青团员　③群众

3. 您的受教育程度是：①小学　②初中　③高中　④大专及以上

4. 您的婚姻状况是：①未婚　②已婚　③离婚　④丧偶

5. 您主要从事的行业是:①种植业　②养殖业　③加工业　④个体工商业　⑤打散工　⑥其他

6. 您家庭的年纯收入为:________。

7. 根据近两年的收入情况,您认为您家的收入状况在当地来说大体属于哪个层次:①上层　②中上　③中层　④中下　⑤下层　⑥不清楚

8. 您是否当过村干部:①是　②否

二、人际交往情况

9. 您是否同意"亲兄弟,明算账"的说法?①同意　②不同意　③不清楚

10. 您对"要办事,靠关系"这句话的态度是:①同意　②不同意　③不知道

11. 您是否与家庭成员以外的下列人员经常来往?

	经常来往	有时来往	很少来往	从不来往
(丈夫的)兄弟姐妹				
(妻子的)兄弟姐妹				
家族成员				
朋友				
邻居				
同小组村民				
同村村民				
外村村民				
村干部				
其他				

12. 您认为目前社会中人际关系的根本目的在于①义务　②感情　③利益　④其他

13. 有人急用找您借钱,您愿意借吗?

①看其信用度　②看对象(关系亲的,好的就借)　③不愿意

14. 您主要通过什么途径获得对自己有利的生产、生活信息?

①亲朋好友　②正式组织(企业、村委会、农村各类组织)　③大众媒体(电视、广播、报刊等)　④其他

15. 闲暇时间，您主要干什么？（限选 3 项以内）

①串门聊天 ②走亲访友 ③打牌打麻将 ④与家人一起看电视、玩耍 ⑤参加文艺、健身或宗教等组织活动 ⑥其他

三、社会信任

16. 您认为目前大多数人都是可信任的吗？①是 ②一般 ③否

17. 从总体上看，您认为村里的人信得过吗？

①大多数人信得过 ②有些人信得过 ③很少人信得过

18. 您认为村外的人信得过吗？

①大多数人信得过 ②有些人信得过 ③很少人信得过

19. 您和村外的村民互相来往吗？①经常来往 ②有时来往 ③从不来往

20. 如果有来往，是为了什么事情？（若 19 题选③，则该题不必作答。）

21. 您认为村干部在村里威信高吗？

①是，为什么？

② 一般

③否，为什么？

四、互助与合作

22. 您认为现在村里人肯帮助别人吗？

①大多数人肯帮助别人 ②有些人肯帮助别人 ③很少有人肯帮助别人

23. 现在村里有人自愿为别人和大家办事吗？①很多 ②有一些 ③几乎没有

24. 如果要做生意或搞其他经营，您最愿意与谁合作？

①自己一个人干 ②配偶 ③家庭其他成员 ④朋友 ⑤族亲 ⑥姻亲

25. 过去当您遇到困难时，您求助的首选对象是谁？

①本人家人 ②亲戚 ③同学 ④朋友 ⑤同事

26. 过去您遇到困难或不幸时，曾得到哪些人的安慰和关心？（限选 3 项以内）

①没有人安慰和关心 ②配偶 ③家庭其他成员 ④朋友 ⑤族亲 ⑥姻亲 ⑦邻居 ⑧本村其他村民 ⑨外村村民 ⑩村干部

五、民间组织发展概况与村级治理

27. 对村里的各种公共事务(例如修路,池塘的承包与维护)您愿意发表意见吗?

①很愿意　②还好　③即使说了也不起作用　④不愿意

28. 您有宗教信仰吗? ①有　②无

如果有,是什么教? 是否参加了宗教组织?

29. 村庄里有如下民间组织吗?

①老人协会　②业余兴趣爱好组织　③经济专业合作组织　④社会服务性组织

30. 您参加了哪一类型的民间组织?

31. 您怎样看待修族谱、建祠堂这类的事情? 您认为有什么意义?

32. 您觉得是家族、宗族势力大的在村委会选举时占优势还是个人能力更重要一些?

33. 如果广大村民的利益受到损害,你是:①忍耐　②打官司　③上访

34. 村子里有没有集体上访的村民? 如果有,是因为什么原因上访?

35. 对村里比较重大的事情,谁的意见最重要?

①村支书　②村主任　③村里其他有影响的人　④全体村民　⑤大家一起商量　⑥不知道

36. 村子要取得发展,您认为主要依靠谁?

①村干部　②政府　③村里其他有影响的人　④全体村民　⑤农村各种组织　⑥其他

37. 您认为在村里生活有安全感吗?

①很有安全感　②较有安全感　③一般　④没有安全感

38. 村里如果发生矛盾和冲突,主要是怎么解决的?

①自己解决　②村干部解决　③村里其他有影响的人解决　④乡、镇政府解决　⑤派出所、法院解决

39. 您是否对自己的下列生活感到满意?

满意度事项	很满意	比较满意	一般	不满意	很不满意
家庭成员间关系					

续 表

满意度事项	很满意	比较满意	一般	不满意	很不满意
邻居间关系					
饮食条件					
工作或劳动条件					
交通条件					
医疗条件					
住房条件					
购物的方便程度					
孩子上学的方便程度					

附录二

编号：

村民对政府信任情况的调查问卷

您好！本调查是为了深入了解目前我们乡村基层政府信任方面的一些情况，问卷采用无记名的形式，请真实充分发表自己的看法，我们将尊重您的观点，对您的个人情况不对外泄露。回答问题时，请您在所选答案序号上划“√”，或在“________”处填写答案。

一、基本情况

1. 您的性别：A. 男　B. 女

2. 您的政治面貌：A. 中共党员　B. 共青团员　C. 民主党派　D. 无党派　E. 群众

3. 您的年龄：A. 18—25 岁　B. 26—35 岁　C. 36—45 岁　D. 46—55 岁　E. 55 岁以上

4. 您的文化程度：A. 小学及以下　B. 初中　C. 高中/中专/职高　D. 大专/本科　E. 硕士及以上

5. 请问您的身份：A. 学生　B. 蓝领　C. 自由职业/个体　D. 白领　E. 老

板/企业家　F. 公务员　G. 医科教文卫

6. 请问您的月收入：A. 1000 元以下　B. 1000—3000 元　C. 3001—5000 元　D. 5001—10000 元　E. 10001—20000 元　F. 20001—30000 元　G. 30000 元及以上

二、基层政府信任水平情况

以下是有关政府信任的测评项目，请您根据自己的实际感受，对被调查的该乡镇政府信任水平进行判断，并把判断结果在相应的选项内划"√"。

水平程度：非常低(1)、比较低(2)、一般(3)、比较高(4)、非常高(5)

7. 行政人员遵纪守法，廉洁奉公

非常低(1)、比较低(2)、一般(3)、比较高(4)、非常高(5)

8. 办事高效，行政富有效率

非常低(1)、比较低(2)、一般(3)、比较高(4)、非常高(5)

9. 公平待人，态度良好，乐于帮助

非常低(1)、比较低(2)、一般(3)、比较高(4)、非常高(5)

10. 诚实坦率，言而有信，有着良好的道德素质

非常低(1)、比较低(2)、一般(3)、比较高(4)、非常高(5)

11. 政策制定时善于听取民意，广纳民众意见

非常低(1)、比较低(2)、一般(3)、比较高(4)、非常高(5)

12. 出台的政策能够代表广大人民群众的利益

非常低(1)、比较低(2)、一般(3)、比较高(4)、非常高(5)

13. 政策被忠实有效地贯彻执行

非常低(1)、比较低(2)、一般(3)、比较高(4)、非常高(5)

14. 政策具有相对稳定性与一贯性

非常低(1)、比较低(2)、一般(3)、比较高(4)、非常高(5)

15. 机构设置科学合理，无交叉重叠现象

非常低(1)、比较低(2)、一般(3)、比较高(4)、非常高(5)

16. 政府受到良好制度性规范的监督和制约

非常低(1)、比较低(2)、一般(3)、比较高(4)、非常高(5)

17. 信息公开透明，统计数据真实可靠

非常低(1)、比较低(2)、一般(3)、比较高(4)、非常高(5)

18. 政府开支适当合理，无铺张浪费现象

非常低(1)、比较低(2)、一般(3) 、比较高(4) 、非常高(5)

三、其他情况

19. 您是否希望政府提高民众对其的信任？

A. 是　B. 否　C. 说不清

20. 您之前有意识到过政府要被监督和为什么要被监督吗？

A. 有　B. 没有　C. 说不清　D. 不知道

21. 从过去到现在，您对政府的信任度是：

A. 提高了　B. 不变　C. 下降了　D. 说不清

22. 在今后的一段时间内，您认为民众对政府的信任会怎样变化：

A. 增强　B. 不变　C. 削弱　D. 很难说

23. 您觉得以下哪个指标对政府信任影响最大

A. 高效　B. 远见　C. 接受能力(接纳他人意见)　D. 诚实守信　E. 公正　F. 公平　G. 公开　H. 其他________

24. 您认为改善政府信任最主要应从哪方面着手

A. 公务员的素质

B. 民众的民主法治观念

C. 制度性规范

D. 其他________

主要参考文献

1. 资料汇编

[1] 中央文献研究室. 关于 1991 年农业和农村工作的通知[M]//十三大以来重要文献选编(中). 北京:人民出版社,1991.

[2] 中央文献研究室. 关于 1997 年农业和农村工作的意见[M]//十四大以来重要文献选编(下). 北京:人民出版社,1999.

[3] 中央文献研究室. 关于 1998 年农业和农村工作的意见[M]//十五大以来重要文献选编(上). 北京:人民出版社,2000.

[4] 中央文献研究室. 关于加强农村基层政权建设工作的通知[M]//十二大以来重要文献选编(下). 北京:人民出版社,1988.

[5]《乡镇论坛》杂志社、民政部基层政权和社区建设司农村处编. 关于学习宣传和贯彻执行《中华人民共和国村民委员会组织法》的通知[M]//1998 年度农村基层民主政治建设资料汇编,1998.

[6] 中央文献研究室. 关于在农村普遍实行村务公开和民主管理制度的通知[M]//十五大以来重要文献选编(上),北京:人民出版社,2000.

[7] 中央文献研究室. 关于做好 2001 年农业和农村工作的意见[M]//十五大以来重要文献选编(中). 北京:人民出版社,2001.

[8] 中央文献研究室. 中共中央关于加强党的建设几个重大问题的决定[M]//

十四大以来重要文献选编(中). 北京:人民出版社,1997.
[9] 中央文献研究室. 中共中央关于加强农村基层组织建设的通知[M]//十四大以来重要文献选编(中). 北京:人民出版社,1997.
[10] 中央文献研究室. 中共中央关于批转《全国村级组织建设工作座谈会纪要》的通知[M]//十三大以来重要文献选编(中). 北京:人民出版社,1991.
[11] 中华人民共和国宪法[M]. 北京:法律出版社,1996.

2. 专著

[1] 埃莉诺·奥斯特罗姆. 公共事物的治理之道[M]. 上海:上海三联书店,2000.
[2] 埃莉诺·奥斯特罗姆. 社会资本:流行的狂热抑或基本概念[M]//曹荣湘. 走出囚徒困境:社会资本与制度分析. 上海:上海三联书店,2003.
[3] 安妮鲁德·克里希娜. 创造与利用社会资本[M]//帕萨·达斯古普特. 社会资本:一个多角度的观点. 北京:中国人民大学出版社,2005.
[4] 奥弗. 我们怎样才能信任我们的同胞? [M]//马克·沃伦. 民主与信任. 北京:华夏出版社,2004.
[5] 包亚明. 布尔迪厄访谈录——文化资本与社会炼金术[M]. 上海:上海人民出版社,1997.
[6] 彼得·伊文斯. 跨越公私界限的发展战略[M]//李惠斌,杨雪冬. 社会资本与社会发展. 北京:社会科学文献出版社,2000.
[7] 波茨. 社会资本:在现代社会学中的缘起和应用[M]//李惠斌,杨雪冬. 社会资本与社会发展. 北京:社会科学文献出版社,2000.
[8] 伯特. 结构洞——竞争的社会结构[M]. 任敏,李璐,林虹译,上海:上海人民出版社,2008.
[9] 卜长莉. 社会资本与社会和谐[M]. 北京:社会科学文献出版社,2005.
[10] 林南. 社会资本——关于社会结构与行动的理论[M]. 上海:上海人民出版社,2005.
[11] 丹尼斯·缪勒. 公共选择理论[M]. 北京:中国社会科学出版社,1999.
[12] 董磊明. 闹事派与村庄治理——村民自治前后的樊家坡村[M]//范瑜,贺

雪峰. 村民自治的村庄基础. 西安:西北大学出版社,2002.
[13] 杜赞奇. 文化、权力与国家——1900—1942年的华北农村[M]. 南京:江苏人民出版社,1996.
[14] 樊平. 村落公共权力:农村经济和社会协调发展的关键[M]//韩明谟. 社会学家的视野:中国社会与现代化. 北京:中国社会出版社,1998.
[15] 费孝通. 乡土中国·生育制度[M]. 北京:北京大学出版社,1998.
[16] 弗朗西斯·福山. 公民社会与发展[M]//曹荣湘. 走出囚徒困境:社会资本与制度分析. 上海:上海三联书店,2003.
[17] 弗朗西斯·福山. 信任——社会美德与创造经济繁荣[M]. 海口:海南出版社,2001.
[18] 郭正林. 中国农村权力结构[M]. 北京:中国社会科学出版社,2005.
[19] 何泽中. 当代中国村民自治[M]. 长沙:湖南大学出版社,2002.
[20] 何增科. 公民社会与第三部门[M]. 北京:社会科学文献出版社,2000.
[21] 贺雪峰. 新乡土中国[M]. 桂林:广西师范大学出版社,2003.
[22] 胡必亮. 关系共同体[M]. 北京:人民出版社,2005.
[23] 杨国枢,李亦园,文崇一,等. 现代化与中国化论集[M]. 台北:中国台湾桂冠图书股份有限公司,1960.
[24] 黄宗智. 长江三角洲小农家庭与乡村发展[M]. 北京:中华书局,2000.
[25] 黄遵宪. 黄公度廉访第一次第二次讲义——论政体公私人必自任其事[M]//黄遵宪文集. 日本:中文出版社,1991.
[26] 简·雅各布斯. 美国大城市的生与死[M]. 上海:译林出版社,2006.
[27] 金太军. 村庄治理与权力结构[M]. 广州:广东人民出版社,2008.
[28] 科尔曼. 社会理论的基础[M]. 北京:社会科学文献出版社,1999.
[29] 陆学艺. 内发的村庄[M]. 北京:社会科学文献出版社,2001.
[30] 李惠斌,杨雪冬. 社会资本与社会发展[M]. 北京:社会科学文献出版社,2000.
[31] 梁漱溟. 中国文化要义[M]. 上海:学林出版社,1987.
[32] 林耀华. 义序的宗族研究[M]. 北京:北京三联书店,2000.
[33] 鲁照旺. 政府经济学[M]. 郑州:河南人民出版社,2002.

[34] 罗伯特·帕特南. 使民主运转起来:现代意大利的公民传统[M]. 王列,赖海榕译,南昌:江西人民出版社,2001.
[35] 帕雷托. 精英的兴衰[M]. 刘北成译,上海:上海人民出版社,2003.
[36] 彭真. 通过群众自治实行基层直接民主[M]//彭真. 彭真文选. 北京:人民出版社 1991.
[37] 钱杭,谢维扬. 传统与转型:江西泰和农村宗族形态[M]. 上海:上海社会科学出版社,1995.
[38] 乔纳森·特纳. 社会资本的形成[M]//达斯古普特·帕萨,伊斯梅尔·撒拉格尔丁. 社会资本——一个多角度的观点. 北京:中国人民大学出版社,2005.
[39] 青木昌彦. 比较制度分析[M]. 上海:上海远东出版社,2005.
[40] 荣敬本. 从压力型体制向民主合作体制的转变——县乡两级政治体制改革[M]. 北京:中央编译出版社,1998.
[41] 斯蒂芬·克拉克. 增长与贫困[M]//曹荣湘. 走出囚徒困境:社会资本与制度分析. 上海:上海三联书店,2003.
[42] 斯蒂格利茨. 正式和非正式的制度[M]//曹荣湘. 走出囚徒困境:社会资本与制度分析. 上海:上海三联书店,2003.
[43] 孙正聿. 崇高的位置——世纪之交的哲学理性[M]. 长春:吉林人民出版社,1997.
[44] 特纳. 社会资本的形成[M]//帕萨·达斯古普特. 社会资本:一个多角度的观点. 北京:中国人民大学出版社,2005.
[45] 滕尼斯. 共同体与社会[M]. 北京:商务印书馆,1999.
[46] 托克维尔. 论美国的民主[M]. 北京:商务印书馆,1988.
[47] 王国斌. 转变的中国——历史变迁与欧洲经验的局限[M]. 南京:江苏人民出版社,1998.
[48] 王沪宁. 当代中国村落家族文化——对中国社会现代化的一项探索[M]. 上海:上海人民出版社,1991.
[49] 王铭铭. 社区的历程[M]. 天津:天津人民出版社,1997.
[50] 王晓毅. 血缘与地缘[M]. 杭州:浙江人民出版社,1993.

[51] 王振耀.中国农村村民委员会法律制度[M].北京:中国社会出版社,1996.
[52] 乌斯拉纳.民主与社会资本[M]//马克·沃伦.民主与信任.北京:华夏出版社,2004.
[53] 肖唐镖.村治中的宗族——对九个村的调查与研究[M].上海:上海书店出版社,2001.
[54] 徐琦.社区社会学[M].北京:中国社会出版社,2003.
[55] 亚森特·佛丹纳.集体行为的比较分析框架[M]//曹荣湘.走出囚徒困境:社会资本与制度分析.上海:上海三联书店,2003.
[56] 杨雪冬.社会资本:对一种新解释范式的探索[M]//李惠斌,杨雪冬.社会资本与社会发展.北京:社会科学文献出版社,2000.
[57] 应星.大河移民上访的故事:从"讨个说法"到"摆平理顺"[M].北京:北京三联书店,2001.
[58] 袁达毅.完善村级治理立法,发展农村基层民主[M]//张明亮.村级治理论丛.北京:中国社会出版社,2001.
[59] 袁方.中国社会的结构转型[M].北京:中国社会出版社,1998.
[60] 詹姆斯·C·斯科特.信任地理学与等级地理学[M]//马克·沃伦.民主与信任.北京:华夏出版社,2004.
[61] 詹姆斯·科尔曼.社会理论的基础(上)[M].北京:社会科学文献出版社,1999.
[62] 张广修.村规民约论[M].武汉:武汉大学出版社,2002.
[63] 张厚安,徐勇,项继权.中国农村村级治理——22个村的调查与比较[M].武汉:华中师范大学出版社,2000.
[64] 张厚安,徐勇.中国农村政治稳定与发展[M].武汉:武汉出版社,1995.
[65] 张厚安.中国农村基层政权[M].成都:四川人民出版社,1992.
[66] 张静.基层政权——乡村制度诸问题[M].上海:上海人民出版社,2007.
[67] 张其仔.社会资本论——社会资本与经济增长[M].北京:社会科学文献出版社,1999.
[68] 张仲礼.中国绅士[M].上海:上海社会科学院出版社,1990.
[69] 赵树凯.农村基层组织:运行机制和内部冲突[M]//徐勇,徐增阳.乡土民

主的成长.武汉:华中师范大学出版社,2007.
[70] 中华人民共和国民政部法规处审编.中华人民共和国基层政权机关实用法规手册[M].北京:中国人民公安大学出版社,1998.
[71] 中央文献研究室编.十五大以来重要文献选编[M].北京:人民出版社,2000.
[72] 周建国.紧缩圈层结构论:一项中国人际关系的结构与功能分析[M].上海:上海三联书店,2005.

3. 期刊

[1] 边燕杰,丘海雄.企业的社会资本及其功效[J].中国社会科学,2000(2).
[2] 边燕杰.城市居民社会资本的来源及作用:网络观点发现[J].中国社会科学,2004(3).
[3] 卜长莉."差序格局"的理论诠释及现代内涵[J].社会学研究,2003(1).
[4] 曹沛霖.社会资本:一种解释社会的理论工具[J].探索与争鸣,2003(8).
[5] 陈俊杰、陈震."差序格局"再思考[J].社会科学战线,1998(1).
[6] 陈剩勇.村民自治何去何从——对中国农村基层民主发展现状的观察和思考[J].学术界,2009(1).
[7] 贺雪峰.半熟人社会——理解村委会选举的一个视角[J].政治学研究,2000(3).
[8] 贺雪峰,仝志辉.论村庄社会关联 ——兼论村庄秩序的社会基础[J].中国社会科学,2003(3).
[9] 胡荣.社会资本与中国农村居民的地域性自主参与——影响村民在村级选举中参与的各因素分析[J].社会学研究,2006(2).
[10] 胡荣.中国农村的社会信任[J].中共天津市委党校学报,2005(2).
[11] 黄凤.农村流动劳动力的社会资本研究[J].社会,2002(11).
[12] 黄铭鑫.实行村民自治必须遵循的基本原则[J].时代主人,1999(2).
[13] 杰瑞·斯托克.地方治理研究:范式、理论与启示[J].浙江大学学报(人文社会科学版),2007(3).
[14] 金太军.村庄治理中三重权力的政治社会学分析[J].战略与管理,2002

(2).
[15] 李路路.社会资本与私营企业家[J].社会学研究,1995(5).
[16] 李熠煜.关系与信任:乡村民间组织生长成因分析[J].法制与社会发展,2004(5).
[17] 李姿姿.国家行为与社会资本建构[J].兰州学刊,2007(2).
[18] 梁莹.当代公民文化成长与培育中的社会资本因素探析——以南京市调查为例[J].湘潭大学学报,2008(2).
[19] 林聚任,刘翠霞.山东社会资本状况调查[J].开放时代,2005(4).
[20] 刘春荣.国家介入与邻里社会资本的生成[J].社会学研究,2007(2).
[21] 刘林平.外来人群体中的关系运用——以深圳“平江村”为个案[J].中国社会科学, 2001(5).
[22] 刘源超,潘素昆.社会资本因素对失地农民市民化的影响分析[J].经济经纬,2007(5).
[23] 卢福营.遭遇社会分化的乡村治理[J].学习与探索,2007(5).
[24] 罗兴佐.农民行动单位与村庄类型[J].中国农村观察,2006(3).
[25] 玛丽·克劳德·斯莫茨.治理在国际关系中的正确运用[J].国际社会科学,1999(2).
[26] 毛丹,王燕锋.J市农民为什么不愿做市民——城郊农民的安全经济学[J].社会学研究,2006(6).
[27] 苗月霞.社会资本视域中的中国农村村民自治运作绩效[J].河北学刊,2005(3).
[28] 彭庆恩.关系资本与地位获得[J].社会学研究,1996(7).
[29] 施雪华,林畅.社会资本视角下的中国乡村治理研究[J].北京行政学院学报,2008(2).
[30] 宋黔晖.社会资本视域下的乡村治理[J].学术研究,2007(3).
[31] 隋广军,盖翊中.城市社区社会资本及其测量[J].学术研究,2002(7).
[32] 孙立平.“关系”、社会关系与社会结构[J].社会学研究,1996(5).
[33] 孙立平.社区、社会资本与社区发育[J].学海,2001(4).
[34] 孙昕,徐志刚,陶然,等.政治信任、社会资本和村民选举参与——基于全国

代表性样本调查的实证分析[J].社会学研究,2007(4).
[35] 田凯.科尔曼的社会资本理论及其局限[J].社会科学研究,2001(1).
[36] 仝志辉,贺雪峰.村庄权力结构的三层分析——兼论选举后村级权力的合法性[J].中国社会科学,2002(1).
[37] 吴毅.村治中的政治人[J].战略与管理,1998(1).
[38] 萧楼,王小军.互构村庄:权力转换机制与村庄治理结构——一个农村政治学研究的分析性框架[J].开放时代,2001(3).
[39] 徐勇."回归国家"与现代国家的建构[J].东南学术,2006(4).
[40] 徐勇.现代国家建构中的非均衡性和自主性分析[J].华中师范大学学报(社科版),2003(9).
[41] 杨善华,侯红芯.血缘、姻缘、亲情与利益——现阶段中国农村社会中"差序格局"的"理性化"趋势[J].宁夏社会科学,1996(6).
[42] 俞可平.中国农村治理的历史与现状——以定县、邹平和江宁为例的比较分析[J].经济社会体制比较,2004(2).
[43] 张文宏,阮丹青,潘允康.天津农村居民的社会网[J].社会学研究,1999(3).
[44] 张文宏.社会资本:理论争辩与经验研究[J].社会学研究,2003(4).
[45] 赵孟营,王恩斌.走向善治与重建社会资本[J].社会学,2001(1).
[46] 赵延东."社会资本"理论述评[J].国外社会科学,1998(3).
[47] 郑传贵.社会资本在社会治理中的推动作用[J].求实,2007(3).
[48] 钟涨宝等.社会资本理论述评[J].社会,2002(10).
[49] 周红云.社会资本及其在中国的研究与应用[J].经济社会体制比较,2004(2).
[50] 孙立平."过程—事件分析"与当代中国的国家—农民关系的实践形态[A].清华社会学评论(第3辑)[C].鹭江人民出版社,2000.
[51] 王振海.中国大陆六县区村级规约建设比较分析[A].村民自治论丛(第1辑)[C].中国社会出版社,2001.

4. 英文文献

[1] Allen, J. ,G. Carr. *The Tangled Web-Neighborhood Governance in Post-Fordist Era* [M]. Carr, G. P. et al. (eds.), *Urban Governance, Institutional Capacity & Social Milieux*. Burlington, V. T.: Ashgate Publishing Co. 2002,

[2] Arrow, Kennth. J. Gifts and Exchanges [J]. *Pholosophy and Public Affairs*,1972(1).

[3] Banfield, Edward C. *The Moral Basis of a Backward Society* [M]. Chicago:The Free Press,1958.

[4] Booth, John. A. ,B. Richard Ptricia. Civil society, Political Capital and Democratization in Central Amercia[J]. *The Journal of Politics*, 1998 (39).

[5] Bourdieu,Passeron. *Reproduction in Education, Society and Culture*[M]. London: Sage. 1990,

[6] Bourke, L. , Rural communities[M]//Lockie, S. , L. Bourke. *Rurality Bites: the Social and EnvironmentalTransformation of Rural Australia*. Annandale, N. S. W: Pluto Press Australia Pty Ltd,2001.

[7] Bovaird, T. ,E. Loffler. Moving from Excellence Models of Local Service Delivery to Benchmarking Good Local governance, *International Review of Administrative Sciences*[J]. 2002(1).

[8] Bowen, G. L. , Martin, J. A. , Mancini, J. A. , etc. Community capacity: Antecedents and consequences, *Journal of Community Practice* [J]. 2000(2).

[9] Brehm, John, Wendy Rahn. Individual-Level Evidence for the Causes and Consequences of Social Capital, *American Journal of Political Science* [J]. 1997(3).

[10] Brint, S. Gemeinschaft revisited: A critique and reconstruction of the community concept, *Sociological Theory*[J]. 2001(1).

[11] Arrow, Kennth. J. Gifts and Exchanges [J]. *Pholosophy and Public Affairs*, 1972(1).

[12] Brugue, Q., & R. Gallego. A Democratic Public Administration: Developments in Public Participation and Innovations in Community Governance, *Public Management Review*[J]. 2003(3).

[13] Butler, Glenys. *Sustainable communities: the important role of local government inbuilding social capital* [M]. 2nd Future of Australia's Country Towns Conference Bendigo, 2005(7).

[14] Cameron, G., M. Danson, H. Halkier. Institutional Change. Governance and Regional Development: Problems and Perspectives [M]//Danson, M., H. Halkier & G. Cameron. *Governance, Institutional Change and Regional Development*. Burlington, VT: Ashgate Publishing Co, 2000.

[15] Chaskin, R. J. Perspectives on neighborhood and community: A review of the literature[J]. Social Service Review, 1997(12).

[16] Chris, Atkin, " Rural Communities: human and symbolic capital development, fields apart[J]. *British Association for International and Comparative Education*, 2003(4).

[17] Collins, M. F., Kay, T. *Sport and Social Exclusion* [M]. London: Routledge, 2003.

[18] Cox, E.. The 'light and dark' of volunteering[M]//Warburton, J. ,M. Oppenheimer . *Volunteers andVolunteering*, Leichhardt, N. S. W. : The Federation Press, 2000.

[19] David Truman. *The Governmental Process: Polhical Interests and Public Opinion*[M]. New York: Knopf, 1951.

[20] Easton, David. *A Systems Analysis of Political Life* [M]. New York: Wiley, 1965.

[21] Evans, Peter. Government Action, Social Capital and Development: Reviewing the Evidence on Synergy[J]. *World Development*, 1996(24).

[22] Florida, R. *The Rise of the Creative Class* [J]. New York: Basic Books, 2002.

[23] Foster, Mary K., Agnes G. Meinhard. Women's Voluntary Organizations in Canada: Bridgers, Bonders, or Both? [J]. *International Journal of Voluntary and Nonprofit Organizations*, 2005 (2).

[24] Gittell & Vidal. *Community Organizing: Building Social Capital as a Development Strategy* [M]. Sage Publication, 1998.

[25] Granovetter, Mark. The Strength of Weak Ties [J]. *The American Journal of Sociology*, 1973(6).

[26] Granovetter, Mark. Economic action and social structure: the problem ofembeddedness[J]. *American Journal of Sociology*, 1985(91).

[27] Hardin. The traedy of the commons[J]. *Science*, 1968(162).

[28] Helliwell, John F.. How's Life? Combining Individual and National Variables to Explain Subjective Well-Being [M]. Cambridge, Mass: National Bureau for Economic Research, 2002.

[29] Hirschman, Albert O.. *Getting Ahead Collectively : Grassroots Experiences in Latin America* [M]. New York: Pergamon Press, 1984.

[30] Inglehart. Trust, Well-being and Democracy [M]//Warren, M. E. . Democracy and Trust, New York: Cambridge University Press, 1999.

[31] Kim, M. Atherley. Sport, Localism and Social Capital in Rural Western Australia[J]. *Geographical Research December*, 2006(4).

[32] Kooiman, J. , Van Vliet M.. Governance and Public Management [M]. *Managing Public Organizations*, Sage, Newbury Park, CA, 1993.

[33] Korten, David C.. Community Oganization and Rural Development: A Learning Process Approach [J]. *Public Administration Review*, 1980 (40).

[34] Krishna, Anirudh. *Active social capital, Tracing the roots of development and democracy* [M]. New York: Columbia University Press,

2002.

[35] Krishna, Anirudh. How Does Social Capital Grow? A Seven-Year Study of Villages in India[J]. *Journal of Politics*,2007(4).

[36] Levi, Margaret. Social and Unsocial Capital: A Review Essay of Robert Putnam's Making Democracy Work[J]. *Politics and Society*, 1996(1).

[37] Lijphart, Arend. *Democracy in Plural Societies*[M]. New Haven: Yale University Press,1977.

[38] Lin, Nan. Building a Network, Theory of Social Capital[M]//Lin, Nan, Karen Cook etc. *Social Capital: Theory and Research*, New York: Aldine De Gruyter,2001.

[39] Long, J. ,Sanderson, I.. The social benefits of sport: where's the proof? [M]// Gratton, C. ,I. P. Henry. *Sport in the City: the Role of Sport in Economic andSocial Regeneration*, Routledge: London,2001.

[40] Loury. *A dynamic theory of racial income differences*[M]//Wallace:P. A. , LeMund. Women, Minorities, and Empioyment Discrimination, Lexington Mass. , Lexington Books,1977.

[41] Lowery, D. A.. Transactions Costs Model of Metropolitan Governance: Allocation Versus Redistribution in Urban American[J]. *Journal of Public Administration Research and Theory*,2000(1).

[42] Michel, Foley W. , Bob Edwards. The paradox of civil society[J]. *Journal of Democracy*, 1996(7).

[43] Migdal, Joel. S.. *State in Society: StudyingHow State and SocietyTransform and Constitute one another* [M]. Cambridge: Cambridge University,2001.

[44] Milton, Esman J. , Norman T. Uphoff. *Local Organizations: Intermediaries in Rural Development*[M]. Ithaca: Cornell University Press,1984.

[45] Norris, Pippa. *Introduction: The Growth of Critical Citizens?* [M]// Norris, P.. *Critical Citizens*, Oxford: Oxford University Press,1999.

[46] OECD. *The Well-being of Nations, the Role of Human and Social Capital*. Organisation for Economic Co-operation and Development (OECD) [M]. Paris: Centre for Educational Research and Innovation, 2001.

[47] Olson, Mancur. *The Logic of Collective Action* [M]. Cambridge: Harvard University Press, 1971.

[48] Ostrom, Elinor, T. K. Ahn, etc. Social Science Perspective on Social Capital: Social Capital and Collective Action [J]. *Revista Mexicana de Sociología*, 2003(1).

[49] Pierre, J., J. Stoker. Towards Multi-Level Governance [M]//Drucker, H.. *Developments in British Politics*, London: Macmillan, 2000(6).

[50] Poggi, Gianfranco. *Images of Society: Essays on the Sociological Theories of Tocqueville, Marx, and Durkheim* [M]. Stanford: Stanford University Press, 1972.

[51] Polanyi, K.. *The great transformation* [M]. New York: Holt, Rinehart & Winston, 1944.

[52] Portes, A., P. Landolt. The downside of social capital [M]. *The American Prospect*, 1996(26).

[53] Portes, Alejando. Social capital, its origins and applications in modern sociology [J]. *Annual Review Sociology*, 1998(24).

[54] Portes, Alejandro, Julia Sensenbrenner. Embeddedness and immigration: notes on the social determinants of Economic action [J]. *American Journal of Sociology*, 1993(6).

[55] Powell, W., P. Di Maggio. *The new institutionalism in organizational analysis* [M]. Chicagoand London: The University of Chicago Press, 1991.

[56] Purdue, Derrick. Neighbourhood Governance: Leadership, Trust and Social Capital [J]. *Urban Studies*, 2001(12).

[57] Putnam, R.. Bowling alone: America's declining social capital [J].

Journal of Democracy, 1995(6).

[58] Rothstein, B.. Trust, social dilemmas and collective memories [J]. *Journal of Theoretical Politics*, 2000(12).

[59] Rothstein, Bo.. Social Capital in the Social Democratic Welfare State[J]. *Politics and Society*, 2001(2).

[60] Schafft, Kai A., David L. Brown. Social Capital and Grassroots Development: The Case of Roma Self-Governance in Hungary[J]. *Social Problems*, 2000(2).

[61] Schuller, Tom, Stephen Baron etc. *Social Capital: A Riview and Critique* [M]//Baron, Stephen, John Field, Tom Schuller. *Social Capital: Critical Perspectives*, Oxford University press,2000.

[62] Sidney, Tarrow. Making Social Science Work, Across Space and Time [J]. *American Political Science Review*,1996(90).

[63] Skocpol, T.. *Protecting Soldiers and Mothers: The Political Origins of Social Policy in the United State* [M]. Cambridge, MA: Harvard University Press,1995.

[64] Smailes, P.. From rural dilution to multifunctional countryside: some pointers to the future from South Australia[J]. *Australian Geographer*, 2002(33).

[65] Stoddart, B.. "The hidden influence of sport"[M]//Burgmann, V. , J. Lee . *Constructing a Culture: a People's History of Australia since* 1788, Melbourne: McPhee Gribble,1988.

[66] Szreter, S. . The state of social capital: Bringing back in power, politics, and history[J]. *Theory and Society*, 2002(5).

[67] Szreter, S. , M. Woolcock. Health by association? Social capital, social theory, and the political economy of public health [J]. *International Journal ofEpidemiology*, 2004(33).

[68] Talbot, Lyn , Rae Walker. Community perspectives on the impact of policy change on linking social capital in a rural community[J]. *Health &*

Place, 2007(13).

[69] Theda, Skocpol ,Marshall Ganz,Ziad Munson. A Nation of Organizers: The Institutional Origins of Civil Voluntarism in the United States[J]. *American Political Science Review*, 2000(94).

[70] Thompson, Saegert, S. J. ,etc. *Social capital and poor communitie* [M]. New York: Russen Sage Foundation,2001.

[71] Titeca, Kristof,Thomas Vervisch. The Dynamics of Social Capital and Community Associations in Uganda: Linking Capital and its Consequences[J]. *Word development*,2008(11).

[72] Uslaner, Eric. *The Moral Foundation of Trust* [M]. New York: Cambridge University Press,2002.

[73] Wilson, W. J.. *The Truly Disadvantaged: The Inner City, The Underclass and Public Policy* [M]. Chicago: Chicago University Press,1987.

[74] Woolcock, Michael. Social capital and economic development: toward a theoretical synthesis and policy framework[J]. *Theory and Society*,1998 (27).

[75] World Bank. *New Paths to Social Development: Community and Global Networks in Action*[M]. *Washington*, D. C. : The World Bank,2000.

[76] World Bank. *World development report* 2000/2001 [R]. New York: Oxford University Press,2000.

后　记

时光如白驹过隙，到 2019 年，一晃博士毕业已经十年了，一路跌跌撞撞地走来，人到中年，刹那间有种蹉跎光阴的感觉。本书的成稿既有博士论文作为基础，同时也是在国家社科基金青年项目的资助下完成的，在本书的写作过程和课题的完成过程中，从一位意气风发的青年过渡到了中年，这其中有太多的人需要感谢。

首先要感谢我的博士生导师毛丹教授，毛老师是一位博学、严谨、认真和勤奋的学者，简而言之，就是传说中的比你聪明百倍还比你更努力的人，毛老师的要求严是出了名的，但是他爱护学生也是有目共睹。我算是一位资质和努力程度都不够的学生，而且还比较任性，毛老师以他如大海般宽阔的心胸包容着像我这种"恨铁不成钢"的学生，并且在我博士论文的写作中给予了很多无私的帮助，能让我得以顺利地博士毕业。

同时也要感谢我在芝加哥大学社会学系一年访学期间的指导老师赵鼎新教授，赵老师是一位学贯古今中西，横跨理工科和人文社科领域的百科全书式的学者，能够在这样的"大师"级的导师指导下学习，真是莫大的荣幸。在芝大学习的一年，不仅开阔了我的视野，而且提升了我的思维能力，在芝大学习中，赵老师的"社会科学的逻辑"和"社会变迁"这两门课让我受益匪浅，同时也让我有勇气和信心继续走在学术的道路上。

还要感谢我的同门兄弟姐妹们，任强、郑晓东、周澍、胡文木、王萍、王燕锋、操世元、陈建胜、卢成仁、陈佳俊等，虽然平时联系不是很多，但是关键时候总是能得到你们的帮助。感谢我的好朋友和高中以及大学同学彭庆军、周云芳、田凤利、黄敏辉、付伊等，因为你们的乐观、开朗和上进，感谢你们随时接受我倾吐一些负能量的东西并能及时地开解我，使我工作和生活中的一些不开心得到了化解。

感谢浙江工商大学公管学院的领导和同事，尤其感谢方向明书记和陈国权院长，因为你们，学院的整个学术生态得到了很大的改善，还感谢马良教授、何翔舟教授作为学术前辈对晚辈的提携；感谢吴雨欣、陈小华、黄红华、郑春勇、严霄云等同事在工作中的关照。感谢我的研究生张锋、蔡静如、张怡、卢志鹏等人，在书稿写作中贡献了力量。还要感谢出版社鲍观明社长的支持，以及王黎明编辑在出版过程中的耐心，使得该书能顺利出版。

最后要感谢我的父母和哥嫂，哥嫂毫无怨言地在家乡承担了照顾父母的重任，家里有什么事情几乎也不来打扰我，他们从来没有给我压力，让我自由自在地做自己。因为你们，所以在一路前行中有了披荆斩棘的勇气。

此书还有很多漏洞和不完善的地方，所以也恳请各位读者见谅。往者不可谏，来者犹可追，前路漫漫，希望我有更多的耐心、好奇心和勇气继续前行在学术的道路上，与诸位共勉。